実践例&導入事例でわかる

明日からの教室のつくりかた

スクールタクトで始めるICT活用

インプレス教育ICT書籍編集チーム 著

インプレス

はじめに

1人1台端末で変わる教育、学びをより充実させるために

GIGAスクール構想によって1人1台端末の整備が進み、学校教育はこの数年で大きく変わりました。新型コロナウイルス感染症の流行によって、オンライン授業やハイブリッド授業を実施する学校が増えたり、児童生徒や保護者への連絡ツールとしてICTを活用する場面が広がりました。今まで鉛筆とノートで学んでいた児童生徒の机の上に、タブレット端末が並び、文房具と同じように使いながら学習する光景が日常の学校の姿となってきました。

児童生徒たちは1人1台端末を活用する学びの中で、さまざまな姿を見せてくれています。端末のカメラで写真や動画を撮影してスライドにまとめ、みんなの前で堂々とプレゼンテーションしたり、グループで活発に意見を交わし共同編集を行いながら資料を作成したりと、ICTを使うことでより主体的に学びに関わっていく姿が見られます。

またクラスの中であまり発言をしないおとなしい児童生徒も、端末上でさまざまな意見を書いて交流し合うなど、新たな一面を見ることができたといったエピソードも聞きます。もはや、今の児童生徒たちにとってICTは身近なもので、自分たちの判断や考え方でICTを活用し、それを学びに生かしていく姿には、デジタル・ネイティブとして持って生まれた力を感じます。

生き生きとICTを活用する児童生徒たちの一方で、先生方はICTのメリットを感じられているのでしょうか。教員の業務負担の増加、ICTを効果的に活用するための授業改善、児童生徒のICTをめぐるトラブル対応など、挙げればきりがありません。

昨今では、自治体や学校、教員のICT活用に関する取り組みの差により、ICTの恩恵を受けている児童生徒とそうでない児童生徒が出てきていることも課題となっています。また、急激な学びの変化により、ICTを何の

ために使っているのか、いつの間にか本質的な目的が見えなくなってしまっている先生や教育関係者の方も多くいると思います。

しかし、今、教室で学んでいる児童生徒たちは待ってくれません。どんなことがあろうとも児童生徒たちの将来を大切にしていきたいものです。今の児童生徒が活躍する未来の社会は、ICTはもちろん、AI（人工知能）やロボットが当たり前のように社会に存在し、それらをいかに活用して新たな価値を生み出していくか、そんな能力が問われています。

本書は、日々、児童生徒と向き合う先生方や、ともに教育を変えていく立場にある方に向けた書籍です。

授業支援システム「スクールタクト」を通した明日から取り入れられる授業実践や、ICT活用に悩みながら取り組んできた自治体や学校の先生方の様子を紹介しています。また、有識者や現場の教員による座談会を通じて、ICTが教育にもたらす可能性を最大限に引き出し、児童生徒の未来を豊かにするための道筋を示しています。

児童生徒や先生にとって、より楽しく豊かな「学びの場」をつくっていただきたい、そして、ICTの活用を通して学びをより充実していただきたい。私たちは、皆さんを全力で応援したいと考えています。

本書を通じて、学校現場のICT活用に関心を寄せる全ての方々が、新たな取り組みを始める知識や気付き、インスピレーション、モチベーションが得られることを願っています。

2023年6月

インプレス教育ICT書籍編集チーム

目次

目次

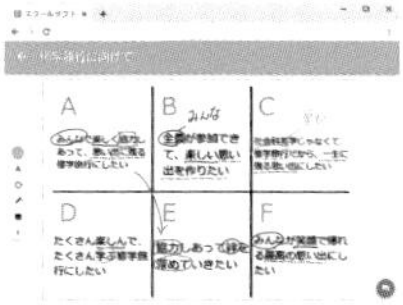

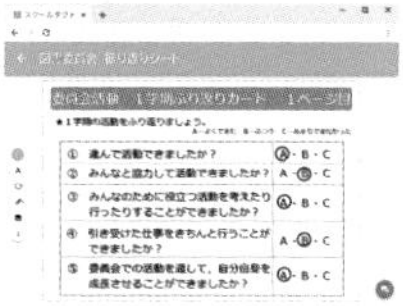

よりよい学級経営

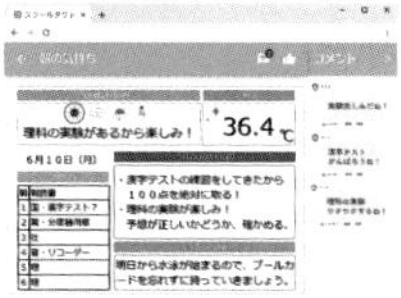

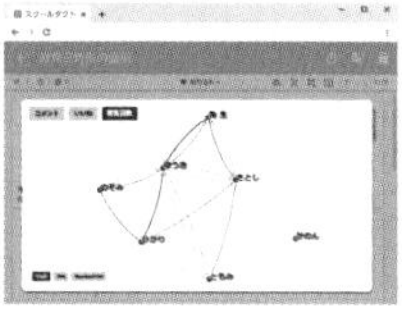

指導と評価の一体化

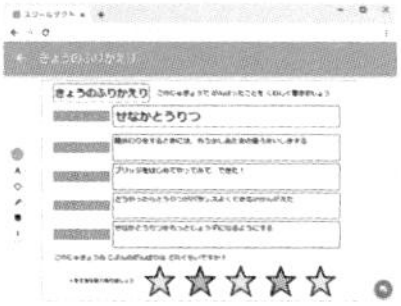

目次

苫野一徳氏　後藤正樹氏　山口裕也氏

蓑手章吾氏

鳥生浩紀氏

有賀祥子氏

本書のご利用に際して

■ 事例内の画像と児童生徒の氏名について

第1章の事例に掲載している画像は、紙面の都合上、実際の画面を簡略化しています。実践や事例内の氏名については、仮名に置き換えています。また、キャンバス内の画像についても、著作権の関係から、実践事例をもとに画像を作り替えています。

■ スクールタクトにおける個人情報の扱いについて

学習活動を進める上で、スクールタクトのキャンバス上に児童生徒が個人情報を記載すること(例:自身の氏名を書き込むなど)は原則禁止されています。個人情報の取り扱いには十分ご留意ください。

■ 教科書や著作物の利用について

本書の事例で掲載している教科書や著作物については、著作権法の範囲で活用しています。例外については別途定めた許諾を締結しています。本書の事例を参考にスクールタクト上で他者の著作物を掲載する場合は、著作権法に準じて利用してください。また、事例内では児童生徒の著作物を他者と共有したり、他者と共同制作する場面があります。こうした共有や共同制作については、児童生徒本人と保護者の承諾のもとで行ってください。

■ 同時接続について

全校の児童生徒で同時接続をする場合、ネットワーク環境によっては通信状態が不安定になる場合があります。また、全校の児童生徒が1つの課題に書き込みをするといった活動は、校内のネットワークやサーバーに負荷がかかる場合があります。

第1章をお読みになる方へ

この章には「小学校・中学校・高校の授業ですぐに使える実践事例」として、スクールタクト認定マスターの先生方から提供いただいた実践事例を中心に、校種や教科などを限定せず、すぐに授業での実践に生かせる28の事例を紹介しています。

はじめに、スクールタクトを使ったことがない先生方がすぐに始めることができるよう、カメラを使ったり、これまでのワークシートを取り込むといった事例を紹介しています。また、主体的・対話的で深い学びの取り組みとして、「個別最適な学び」や「協働的な学び」の視点で選んだ事例も掲載しています。

ほかにも、委員会活動や異学年交流など、クラスの枠を超えた事例やよりよい学級経営につながるもの、校務の効率化の観点から授業以外でも使える事例などを紹介しています。スクールタクトによって、学年という縦のつながりや、学級内の横のつながりを超えた実践事例を数多く掲載しています。

掲載している事例は、この書籍を読んだ先生方がすぐに実践できるようにするため、実際に授業で活用するための「STEP」を簡潔にまとめています。また、一部事例は課題テンプレートとして公開されているので、各ページの末尾に書かれている検索条件で、スクールタクト上からすぐに編集・配布することができます。

今回、事例をご提供いただいた先生方は、ICT活用のエキスパートではなく、GIGAスクール構想の流れの中で、ICTを活用した授業づくりを一生懸命に試行錯誤されてきた方ばかりです。その中のお一人の先生が、このように話されていたのがとても印象的でした。
「ICTの活用は、子供たちの学びを深めるための手段であって、方法ではないと思います。ICTを使い始めたころは、『ICTをもっと使わないと』と思って、どんな場面でもICTを活用してきました。確かに、ICTによって効率化ができたり、今までできなかった活動の幅が広がったのは事実です。しかし、それと同じくらい、鉛筆で考えを書いたり、隣同士で直接コミュニケーションを取ったりすることの大切さも感じました」というのです。

この章で紹介している事例は、こうした先生方の奮闘の足跡でもあります。数々の事例を参考にしていただき「個の力をみんなで高め合う『学びの場』を創る」実践を重ねていただきたいと願っています。

なお、先生方に寄稿いただいた事例は、校種や教科を限定せずに使えるようにしたり、著作権などに配慮したりするため、編集部で一部加工をしていることを何とぞご了承ください。

課題テンプレートの探し方

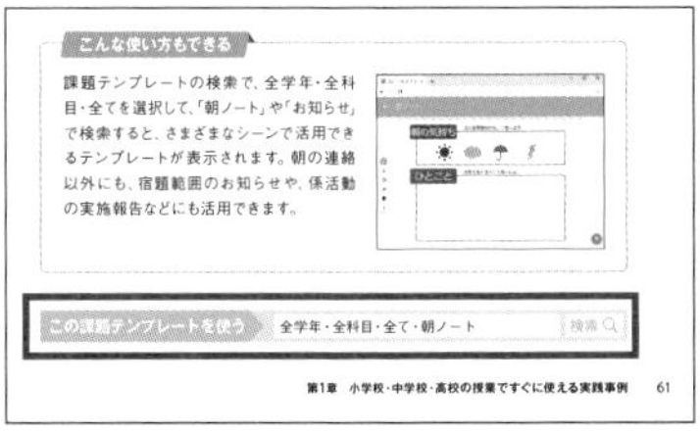

事例によっては、紙面内にテンプレートの学年や教科・活動、キーワードを掲載しています

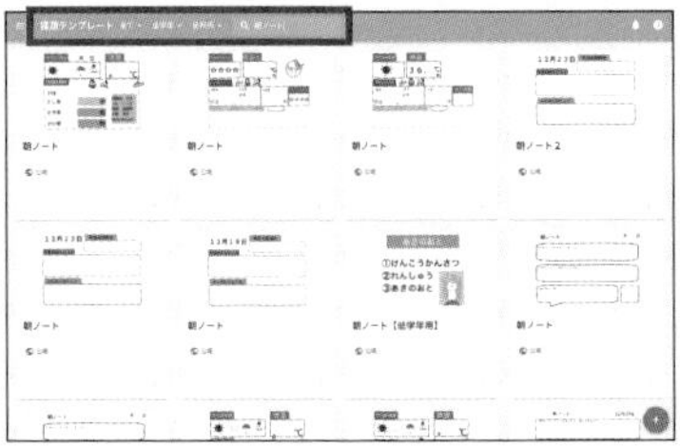

[課題テンプレート]のページでは、画面左上のメニューから目的の課題テンプレートを表示できます

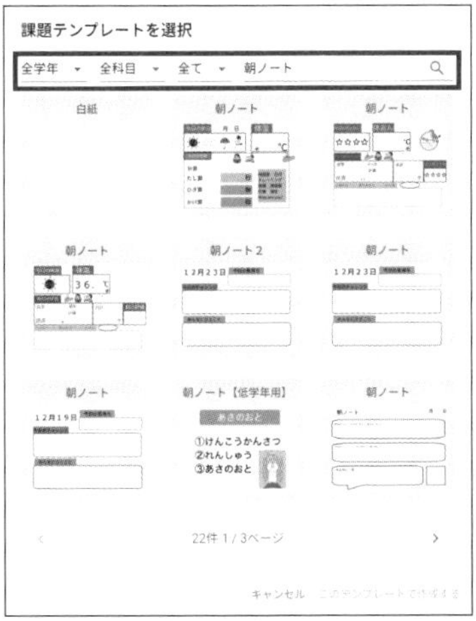

新規課題の作成画面から課題テンプレートを検索できます。学年や教科・公開範囲などを選択し、紙面に掲載しているキーワードを入力してすぐに課題テンプレートを表示できます

第1章の読み方・使い方

第1章では、授業支援システム「スクールタクト」を利用した
授業の実践事例を紹介しています。小学校・中学校・高校におけるICT活用について、
テーマごとに事例の内容やポイントをまとめています。

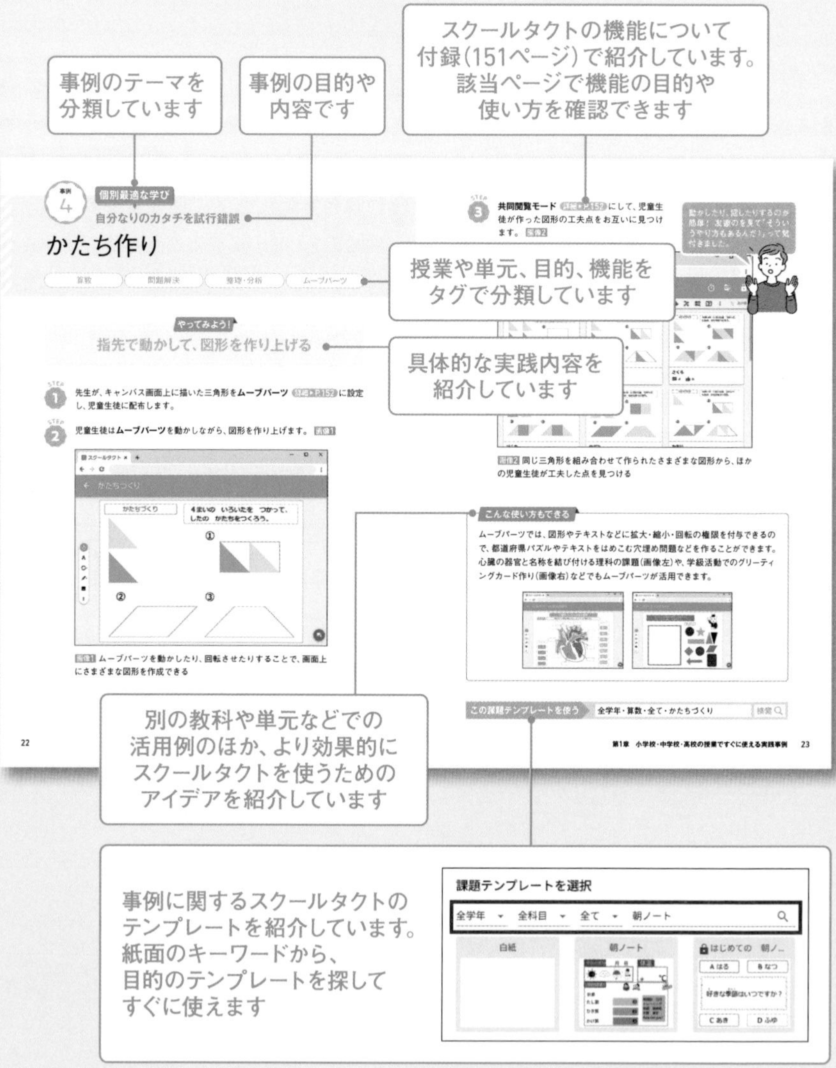

※第1章の内容は2023年6月時点での情報をもとにしていますが、予告なく機能やメニュー名が更新される場合があります。

第1章

小学校・中学校・高校の授業ですぐに使える実践事例

この章では、
ICT導入の肝となる「授業支援ツール」を
利用した実践事例を紹介します。
さまざまな校種・教科での事例を紹介しているので、
授業への取り入れ方や
授業支援ツールを使う方法がよく分かります。
教科での授業改善だけでなく、
よりよい学級運営を行う方法や
児童生徒が主体的に学習に取り組む方法など、
事例を通じ、見ていきましょう。

事例 1

まずはここから

身近な物からの発見を共有

学校内の「長さ」調べ

算数　情報活用　交流・共有　カメラ

やってみよう!

調べたものをカメラ機能で撮影

STEP 1

児童生徒はタブレット端末から、スクールタクトのカメラ機能を使い、「長さ」を調べる物を撮影します。画像1
カメラ機能で撮影した画像は、自動的にキャンバスに貼り付けられます。

児童生徒が定規を持ちペアで行動することで、スムーズに活動できました。

画像1 児童生徒は興味を持った物に定規を当てて撮影をする

STEP 2

児童生徒は、教室に戻ってから画像を見て、キャンバス上に「長さ」を書きます。

STEP 3 **共同閲覧モード** 詳細▶P.152 で、児童生徒は、お互いに調べた長さを共有し合います。画像2

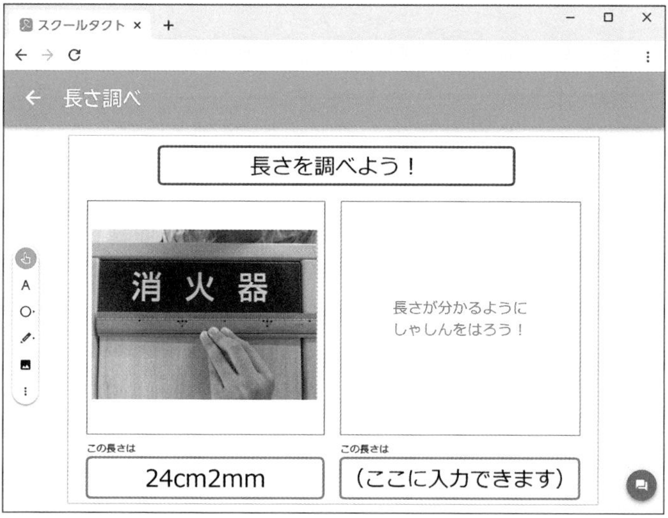

画像2 調べた結果を見ながら友達と気付きを共有する

こんな使い方もできる

カメラ機能を使うと、画像を使って友達や先生に伝えたいことを説明できます。跳び箱で跳んでいる様子を撮影してフォームを確認するのも便利です。また、図工の作品を撮影して記録したり、共同閲覧機能を使ってクラスでの作品鑑賞会を行ったりもできます。カメラ機能を使いポートフォリオとして記録を蓄積することで、いつでも見返すことができます。なお、撮影を行う際には個人を特定できる人物の顔や氏名は写さないよう先生から児童生徒に伝えておきます。

この課題テンプレートを使う 小2・算数・全て・長さ調べ 検索

事例 2

まずはここから

ノート回収なし！ 児童生徒の記録がいつでも手元に

ノートをカメラで撮ろう

ノート回収 | 言語活動 | ポートフォリオ | カメラ

やってみよう！

ノートに書き込んだ内容を画像として貼り付ける

STEP 1

先生が問題を配布し、児童生徒はノートに書きこんだ解答をスクールタクトのカメラ機能を使って撮影します。画像1 画像2

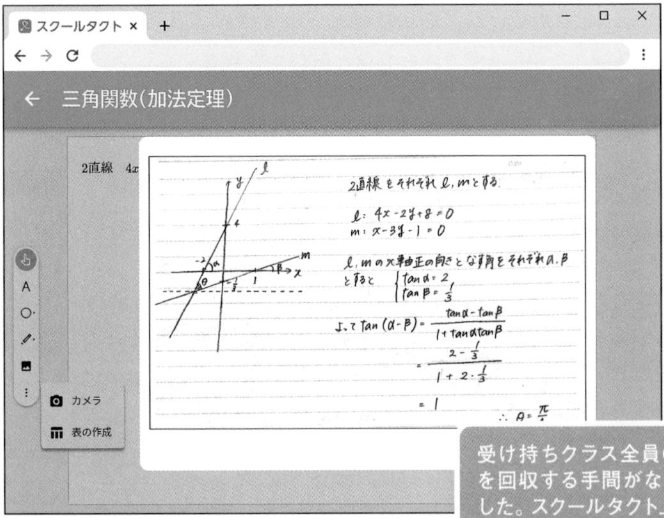

画像1 スクールタクトのカメラ機能でノートを撮影する

受け持ちクラス全員のノートを回収する手間がなくなりました。スクールタクト上に全員の記録があるので、放課後に落ち着いて採点したり、アドバイスを書き込んだりすることができます。

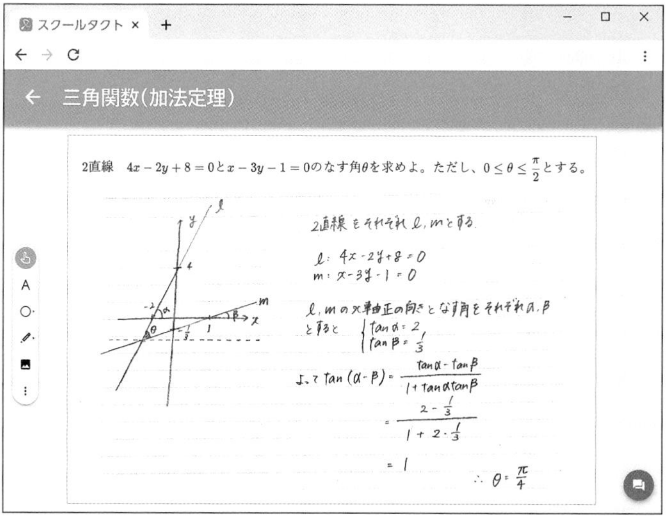

画像2 カメラ機能で撮影した画像は、自動でキャンバスに取り込まれる

STEP 2 先生は、キャンバス上に取り込まれた解答を見て、採点したり指導したりします。

こんな使い方もできる

手書きの課題や作品は、スクールタクトのカメラ機能で撮影して画像をキャンバスに取り込むことで、児童生徒が手軽に提出ができるようになります。
画像で表示された作品の上に先生が手書きで添削することもできます。例えば、書写の作品の添削や社会科新聞の誤字脱字の指摘など、実際の作品に書き込むことなく画面上から指導ができます。指導の目的に応じて、デジタルとアナログの効果的な使い分けが可能です。

事例 3

まずはここから

紙面や過去の資料も有効活用

PDFで配布・書き込み

ワークシート　言語活動　まとめ　ポートフォリオ

やってみよう！

PDFを取り込んで回答欄を設定する

STEP 1

WordやPowerPointなどで作成した教材をPDF形式にします。**PDFファイルの貼付け** 詳細▶P.153 でキャンバスに上に取り込みます。 画像1

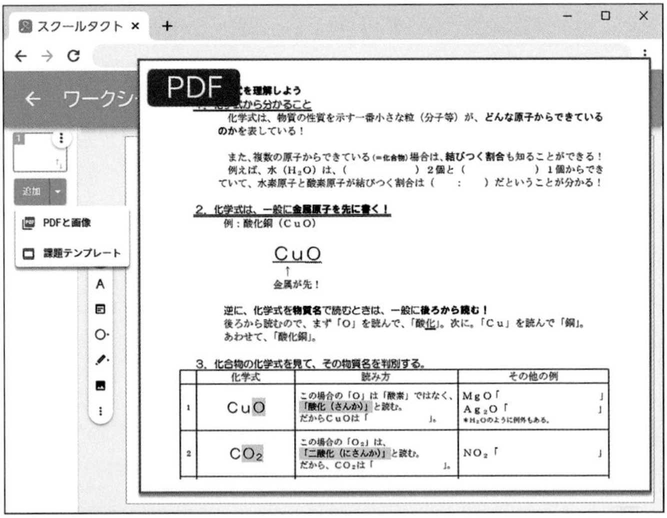

画像1 PDFデータをキャンバスに取り込む

STEP 2

取り込んだPDFの上に**回答欄** 詳細▶P.156
を作って、児童生徒に配布します。 画像2

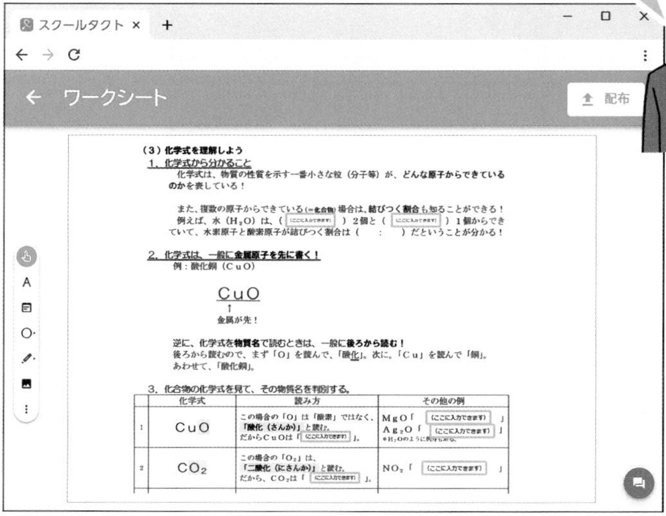

画像2 児童生徒が回答を入力する箇所に回答欄を作る

STEP 3

児童生徒は回答欄にテキストを入力していきます。

こんな使い方もできる

回答欄に入力したテキストは、CSV形式でダウンロードできます。
例えば英語の単語テストでは、児童生徒が入力した英単語をCSV形式でダウンロードし、採点のときに活用することもできます。また、回答欄で簡単なアンケートを作り、児童生徒の選択や意見をCSV形式の表で確認するという使い方もできます。

CSV

		B	C	D	E	F	G
		1	2	3	4	5	6
2	ゆうき	水素	酸素	酸化銅	酸化マグネシ	酸化銀	二酸化炭素
3	さくら	水素	酸素	酸化鉄	酸化マグネシ	酸化銀	二酸化炭素
4	けんた	酸素	水素	酸化銅	マグネシウム	酸化鉄	二酸化炭素
5	のぞみ	水素	酸素	銅	酸化	酸化銅	二酸化炭素
6	かおり	水素	酸素	酸化銅	酸化マグネシ	酸化銀	二酸化炭素
7							

事例 4

個別最適な学び

自分なりのカタチを試行錯誤

かたち作り

算数　問題解決　整理・分析　ムーブパーツ

やってみよう！

指先で動かして、図形を作り上げる

STEP 1 先生が、キャンバス画面上に描いた三角形を**ムーブパーツ** 詳細▶P.152 に設定し、児童生徒に配布します。

STEP 2 児童生徒は**ムーブパーツ**を動かしながら、図形を作り上げます。 画像1

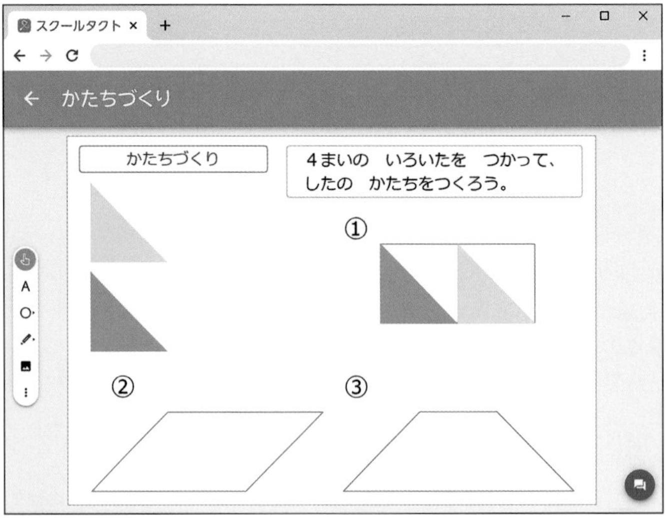

画像1 ムーブパーツを動かしたり、回転させたりすることで、画面上にさまざまな図形を作成できる

STEP 3

共同閲覧モード 詳細▶P.152 にして、児童生徒が作った図形の工夫点をお互いに見つけます。 画像2

画像2 同じ三角形を組み合わせて作られたさまざまな図形から、ほかの児童生徒が工夫した点を見つける

こんな使い方もできる

ムーブパーツでは、図形やテキストなどに拡大・縮小・回転の権限を付与できるので、都道府県パズルやテキストをはめこむ穴埋め問題などを作ることができます。心臓の器官と名称を結び付ける理科の課題（画像左）や、学級活動でのグリーティングカード作り（画像右）などでもムーブパーツが活用できます。

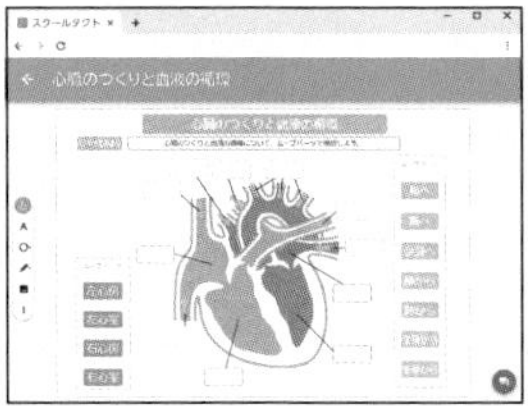

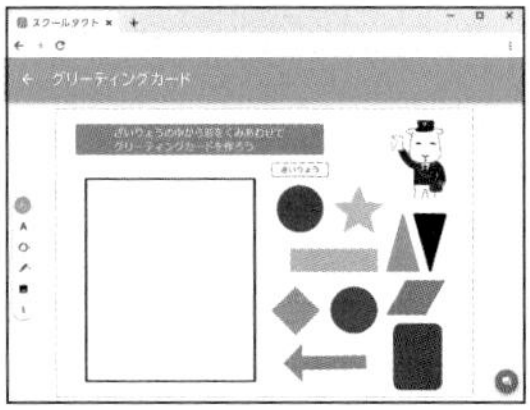

この課題テンプレートを使う　全学年・算数・全て・かたちづくり　検索

事例 5

個別最適な学び

比較や分類で考えを深める

動物の仲間分け

国語　問題解決　整理・分析　シンキングツール

やってみよう！

指先で画像を動かして、シンキングツールに整理する

STEP 1

先生がシンキングツールの上に動物の画像を置き、それぞれの画像が移動できるように**ムーブパーツ** 詳細▶P.152 の設定を行います。 画像1

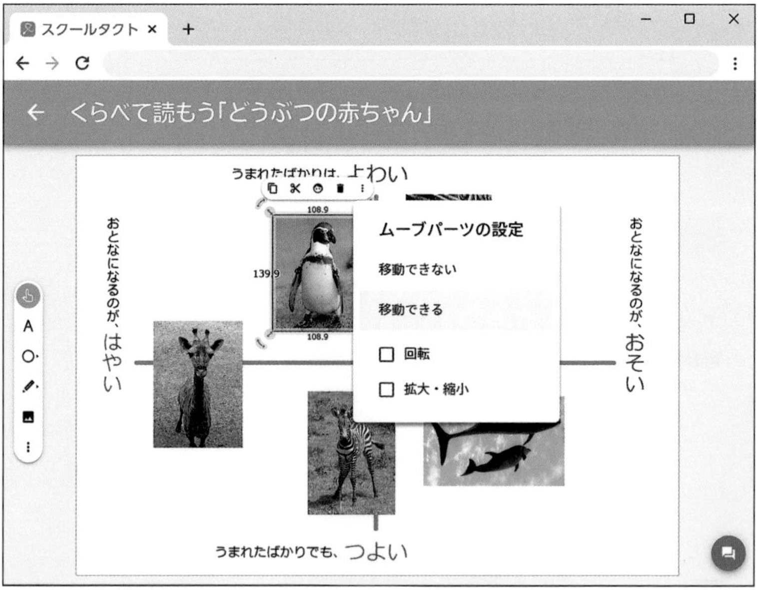

画像1 二軸で分類できるシンキングツールと動物の画像を活用した課題を児童生徒に配布する

STEP 2 児童生徒は**ムーブパーツ**を動かしながら、シンキングツールにまとめていきます。画像2

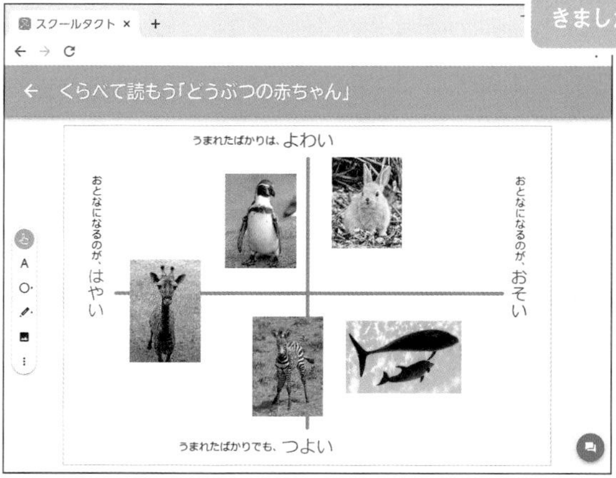

画像2 テーマに応じて動物のムーブパーツを動かしながら、比較や分類を行う

STEP 3 **共同閲覧モード** 詳細▶P.152 でお互いの考えを確かめることができます。

ヒント

シンキングツールを活用しよう

課題テンプレート(全学年・全科目・全て・シンキングツール で検索)には、20種類以上のシンキングツールのひな型があります。授業の内容に合わせて利用しましょう。

なお、シンキングツールとは、自分の頭の中にある思いや考えを視覚的に表すツールのことです。文部科学省が掲げる学習指導要領でも、主体的に考えながら意見を交換して互いに関連付け、共に深く学ぶ学習活動が推奨されているため、シンキングツールの活用に注目が集まっています。

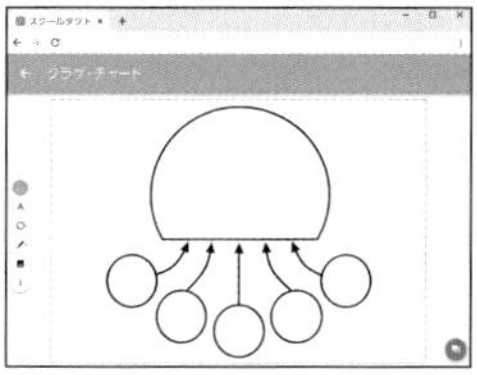

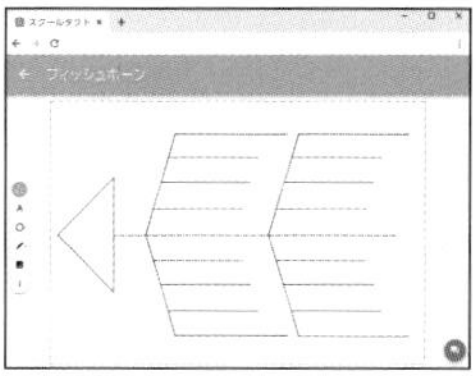

この課題テンプレートを使う 全学年・全科目・全て・シンキングツール 検索

事例 6

個別最適な学び

分類・整理して表にまとめる

調べ方と整理のしかた

算数　問題解決　整理・分析　ムーブパーツ

やってみよう！

指先で動かして数え、表に整理する

STEP 1 先生が果物の画像を**ムーブパーツ** 詳細▶P.152 に設定して、児童生徒に配布します。

STEP 2 児童生徒は**ムーブパーツ**を動かしながら、果物の数を数えていきます。 画像1

目を引く画像をキャンパス上で自由自在に動かせるうえ、おはじきなどの準備が不用なので、とても便利です！

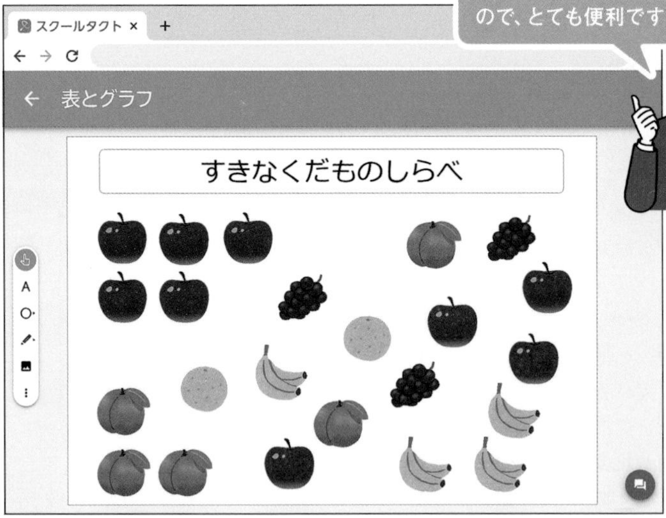

画像1 果物の画像をムーブパーツにすることで、児童生徒は画像を動かしながら学習できる

STEP 3 先生があらかじめ作った表に沿い、児童生徒は果物の数をまとめます。 画像2

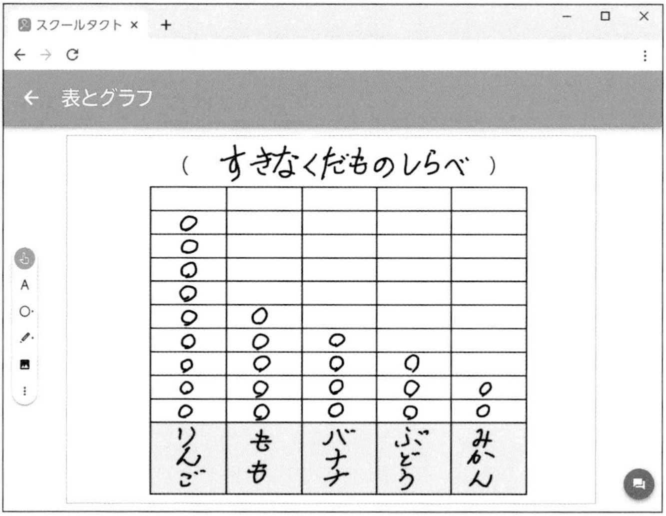

画像2 りんごやももなどの数を表にまとめる

こんな使い方もできる

算数や数学では、表を利用してデータをまとめられます。また、国語では段落ごとの大事な言葉や、書かれている事実を児童生徒が書き出して整理するときに、表が役立ちます。

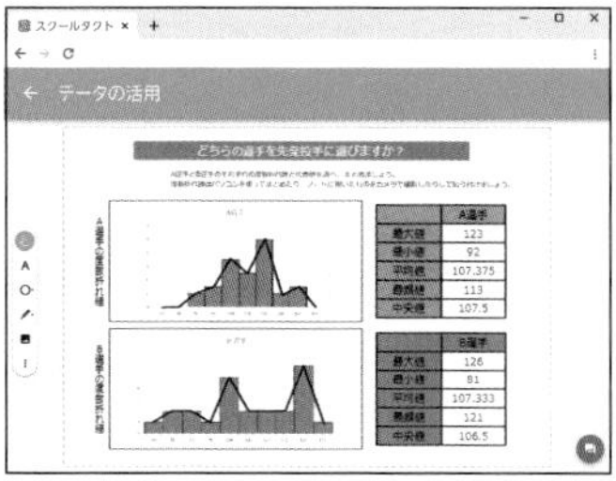

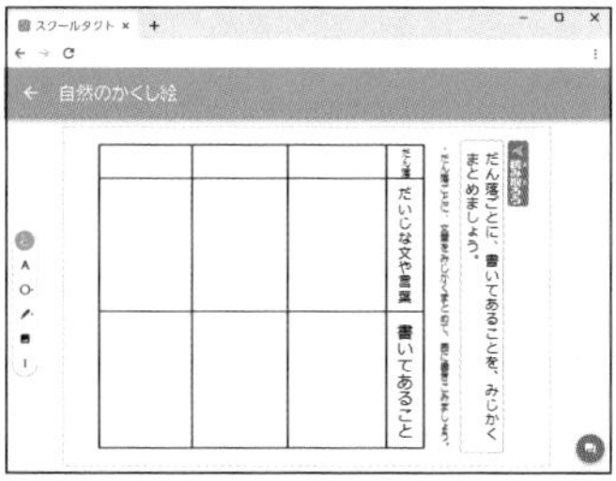

この課題テンプレートを使う 全学年・算数・全て・表とグラフ 検索

事例
7

個別最適な学び

自由に表現して短歌に親しむ

「縦書き」で短歌作り

国語 言語活動 交流・共有 縦書き

やってみよう!

縦書きの回答欄に短歌を書き込む

STEP 1

テキストボックスを使うと文字を縦書きで入力することができます。先生が**回答欄** 詳細▶P.156 を使い、短歌の文字数に合わせた縦書きの枠を作成し、児童生徒に配布します。 画像1

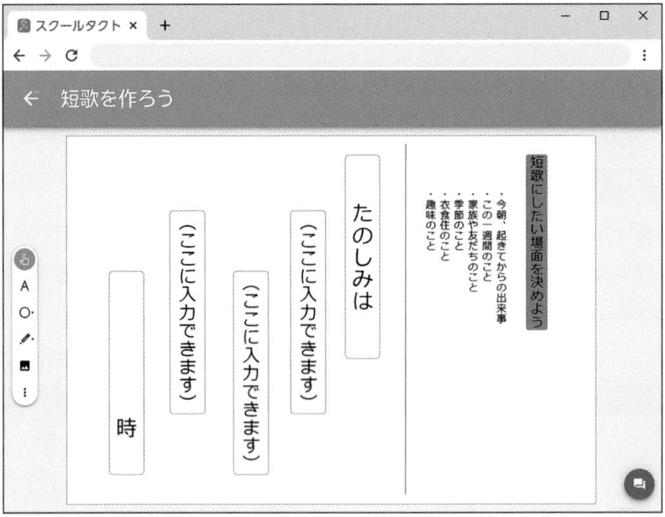

画像1 回答欄で短歌の入力欄を作る

STEP 2 児童生徒が短歌を書き込みます。 画像2

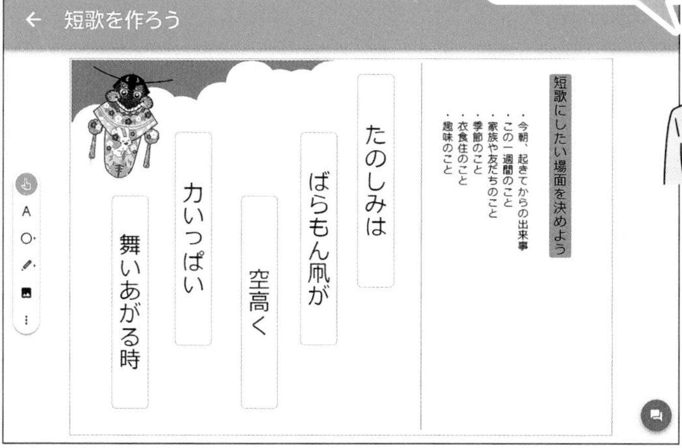

画像2 書き込みが終わった児童生徒は、短歌に合うイメージの画像を探し、キャンバスに貼る

こんな使い方もできる

縦書きのテキストボックスを使えば、漢文の授業で文字を入力しやすくなります。また、レ点などの返り点にムーブパーツを設定し、漢文の中で返り点の位置を問う問題を作ることもできます。

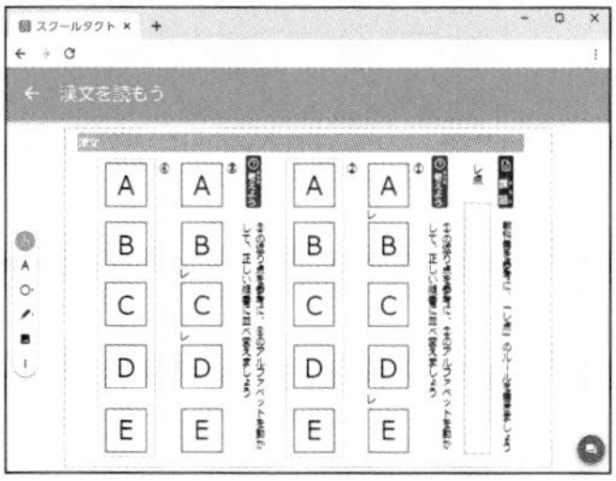

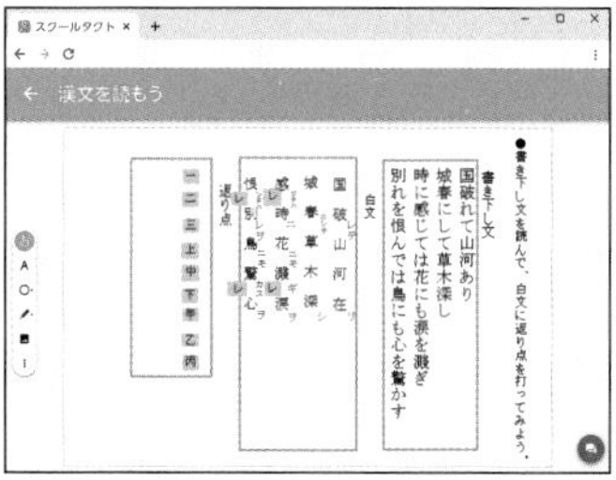

この課題テンプレートを使う 全学年・国語・全て・短歌作り 検索

事例 8

個別最適な学び

例文を組み合わせて文章を作る

簡単英作文作り

英語 ｜ 言語活動 ｜ 交流･共有 ｜ ムーブパーツ

やってみよう!

ムーブパーツの例文を動かして、英作文を作る

STEP 1

先生が英語の例文を**ムーブパーツ** 詳細 ▶ P.152 に設定して、児童生徒に配布します。 画像1

画像1 紹介文や感想など、英語の例文をムーブパーツに設定する

STEP 2

児童生徒は**ムーブパーツ**をコピーして、単語を書き足しながら、英文を書き上げます。 画像2

画像2 ムーブパーツの例文を使いながら、テーマに合わせた英作文を作る

こんな使い方もできる

小学校の外国語活動・外国語の学習指導要領に沿って、各単元ごとに課題テンプレートが用意されています。「道案内」や「身の回りのもの」など、ムーブパーツを動かして、視覚的に楽しみながら活動できるワークが30点以上公開されています。

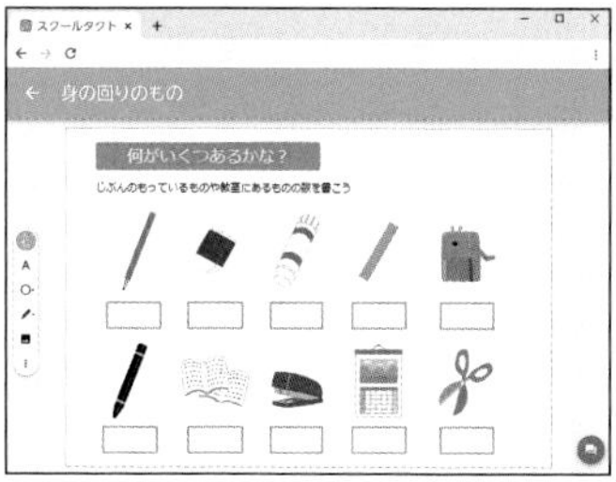

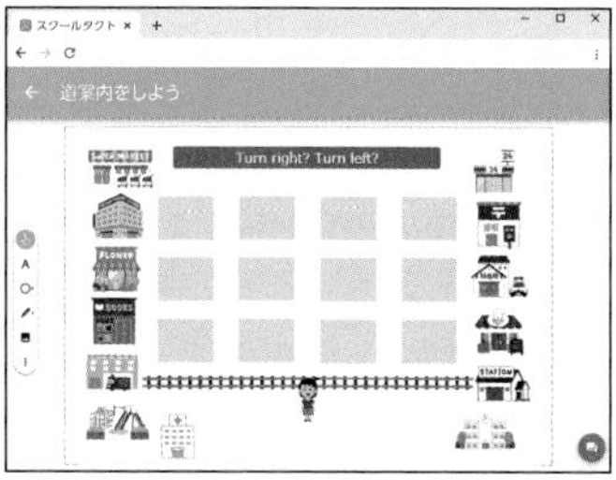

この課題テンプレートを使う 小6・英語・全て・わたしのまち 検索

事例 9

個別最適な学び

簡単に比較し、深い考察へ

グループごとの実験記録

理科　問題解決　整理・分析　カメラ

やってみよう！

実験を写真で記録し、結果を表にまとめる

STEP 1

児童生徒がカメラ機能を使い、理科の実験の様子を撮影します。 画像1

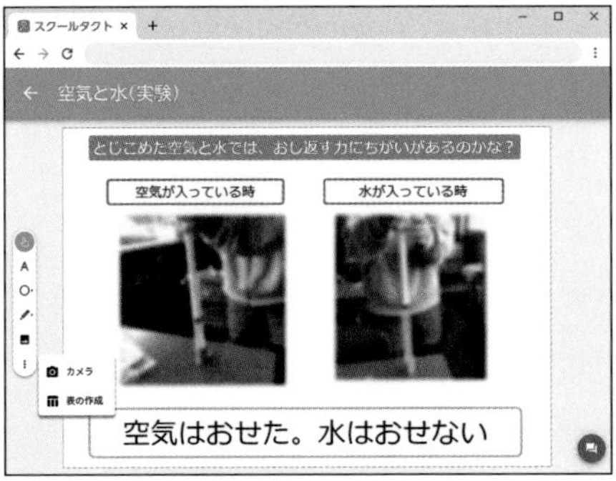

画像1 容器に閉じ込められた空気と水を、ピストンで押す様子を撮影する

STEP 2

実験結果を表に記録します。 画像2

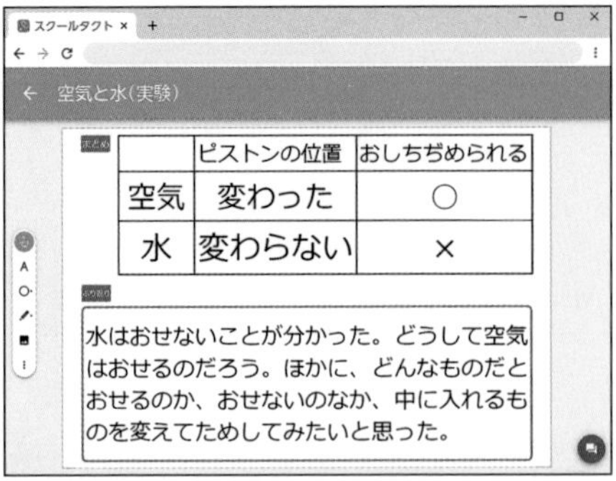

画像2 ピストンを押した結果や気付いたことを表に記入する

STEP 3 先生は**共同閲覧モード** 詳細▶P.152 にして、グループごとにどのような結果になったのかを共有します。

STEP 4 実験を振り返り、分かったことや考えたことを記入します。

こんな使い方もできる

共同閲覧モードでお互いの実験結果やコメントを共有することで、学びを深めることができます。
また、実験の結果やまとめ以外にも、下の画像のように植物の観察で季節ごとに同じ場所を撮影し、成長を記録する方法もお勧めです。

この課題テンプレートを使う 小4・理科・全て・空気と水 検索

事例 10

個別最適な学び

簡単できれいな作図

立体図形を書こう

作図　問題解決　収集・作成　図形ツール

やってみよう！

図形ツールで作図する

STEP 1 先生が斜眼紙のテンプレートに、題材の画像を貼って生徒に配布します。

STEP 2 児童生徒は図形ツールを使って、等角図を書き込みます。 画像1

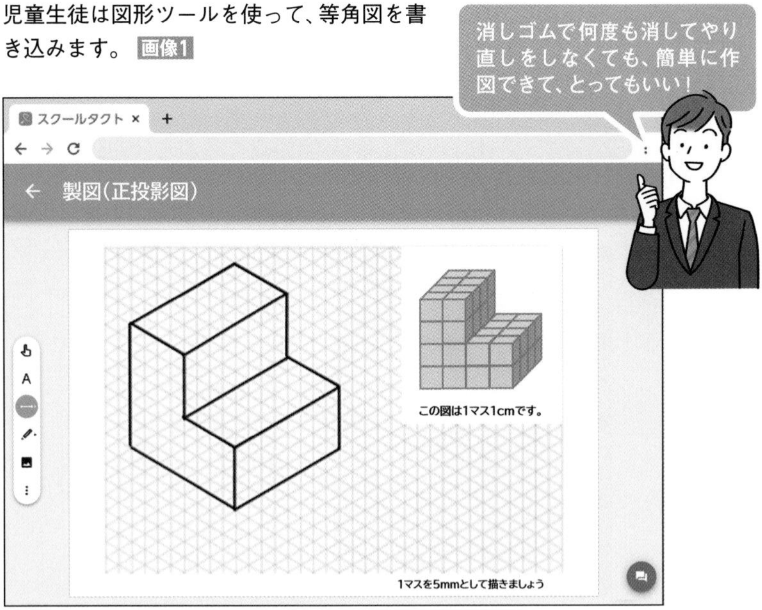

画像1 図形ツールで等角図を書き込む

STEP 3

共同閲覧モード 詳細▶P.152 に切り替えて、正しく書けているか児童生徒同士で確認します。 画像2

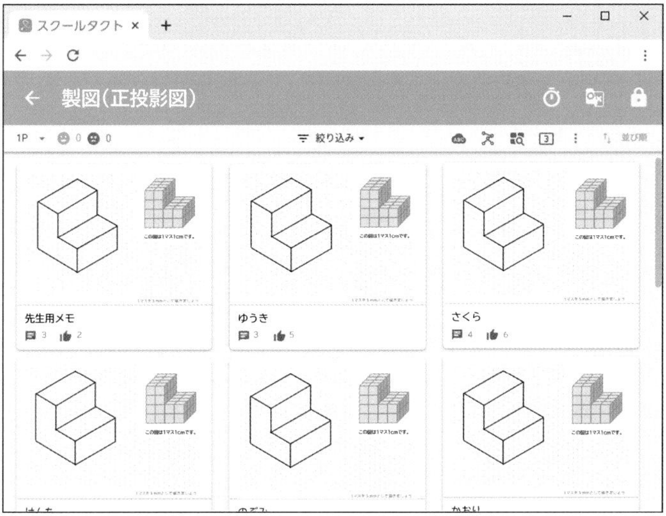

画像2 ほかの児童生徒が書いた等角図を画面で確認する

こんな使い方もできる

課題テンプレートには、斜眼紙のほかにも方眼紙やドット方眼紙などの汎用テンプレートがあります。
課題テンプレート(全学年・全科目・全て・方眼紙)で検索して活用ください。

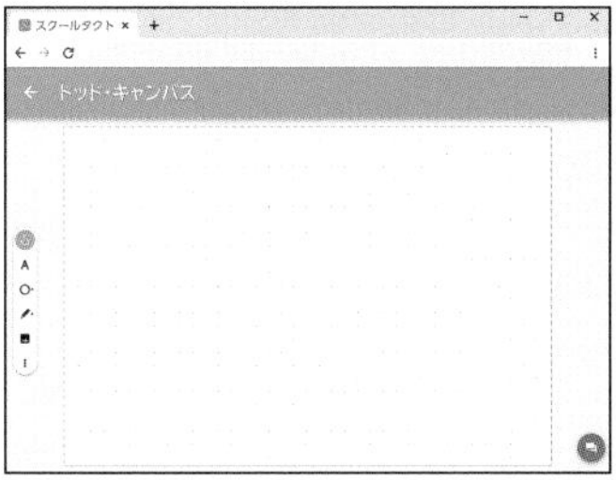

この課題テンプレートを使う　全学年・全科目・全て・斜眼紙　検索

事例 11

個別最適な学び

数式やグラフを自由自在に描画

関数やグラフの活用

数学 / 言語活動 / 数式ツール / 関数グラフツール

やってみよう！

数式ツールや関数グラフツールを使う

STEP 1 キャンバス1ページに1問の構成で先生が問題を作成し、児童生徒に配布します。

STEP 2 児童生徒は、数式ツールを使って関数を入力します。分数やルート、高校数学で使う関数も簡単に入力できます。 画像1

数式を入力できる授業支援システムは数が少ないので、スクールタクトがあって助かっています！

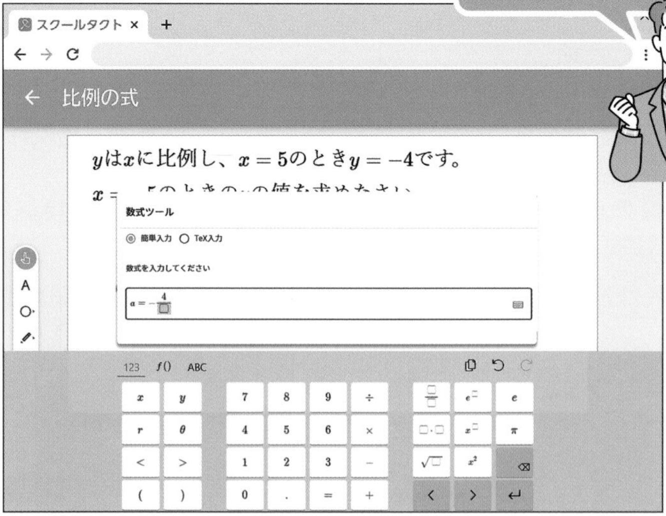

画像1 数式ツール上に表示された仮想キーボードを使って数式を入力する

STEP 3 比例や反比例のグラフも関数グラフツールで作図できます。 画像2

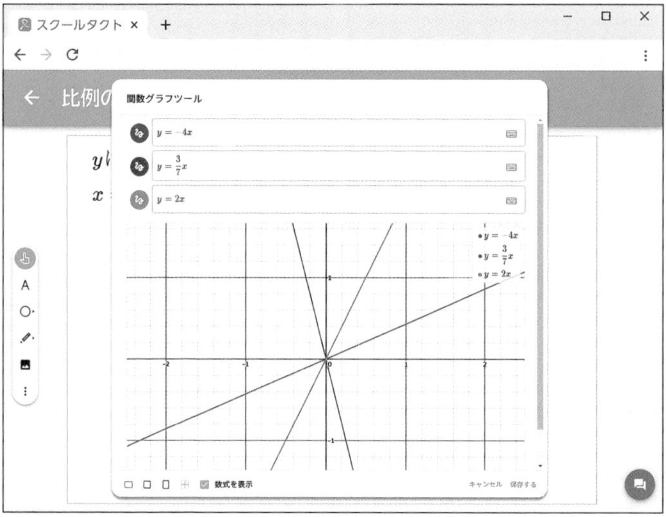

画像2 比例や反比例のグラフも簡単に作図できる

こんな使い方もできる

数式ツールを使えば、小学校で学ぶ分数をきれいに入力できます。二分の一を通常のテキストで入力すると「1/2」と表記され、分数であることが分かりにくくなりますが、数式ツールを使えば、上に分子、下に分母を入力できます。

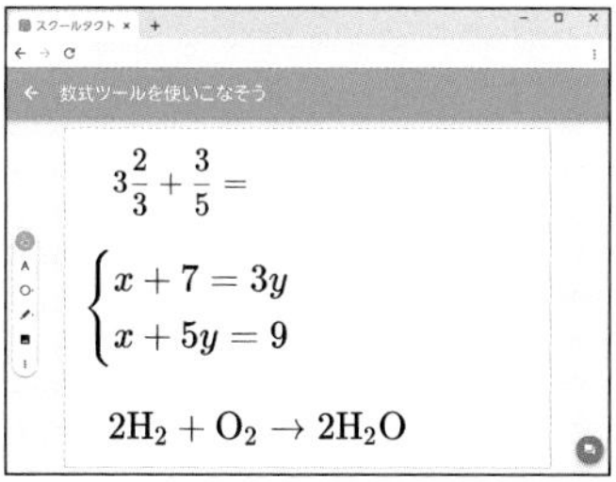

また、中学校以上で学ぶ次数や連結方程式にも数式ツールが使えるので、複雑な計算式でも見やすく表現することができます。
TeXにも対応しており、積分や総和、ベクトルなど高校数学での数式や化学式も入力できます。

事例 12

個別最適な学び

学んだことを表現し、理解を深める

リテリングをしよう

英語　言語活動　交流・共有　ペンツール

やってみよう！

説明をしながら補足情報をペンツールで書き込む

STEP 1

先生が、テキストをキャンバスに貼り付けて配布します。児童生徒は、ペンツールやマーカー機能を使って、単語の意味や文法の構造を書き込みます。 画像1

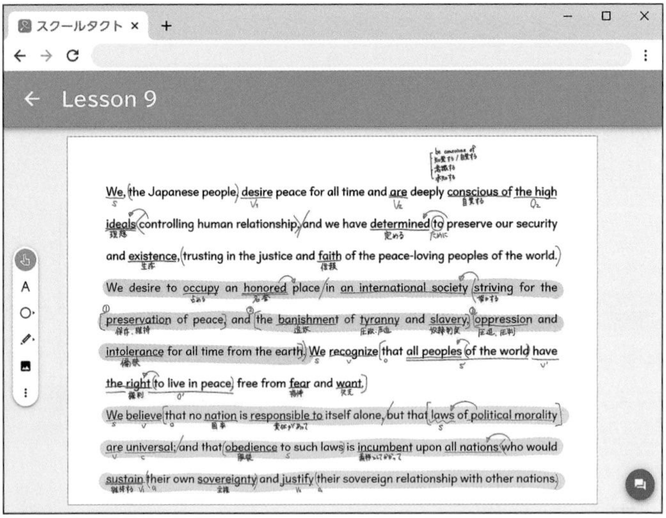

画像1 テキストにマーカーを引いたり、調べた単語の意味を書き込んだりする

STEP 2

単元の学習が終わったら、学習した内容を自分の表現で伝える「リテリング」を行います。児童生徒は、イラストを用意したり、説明を書き加えたりしながら、学んだ内容を伝えます。 画像2

共同閲覧モード 詳細▶P.152 では、児童生徒は説明を行う児童生徒のキャンバスを、自分の端末から閲覧できます。

自分のキャンバスに書いた情報が、即座に相手の端末に表示されるので、児童生徒は、聞く人の理解に合わせて説明を工夫していました。

画像2 聞く人の理解を助けるために、イラストを追加する

こんな使い方もできる

児童生徒のキャンバスにリアルタイムで書き込みができることを生かし、ライティングの授業では、先生が一人一人の進行状況を見ながら添削を加えられます。
都度ノートを回収する必要がなく、ALTの先生と分担しながら、添削・指導を進めることも可能です。

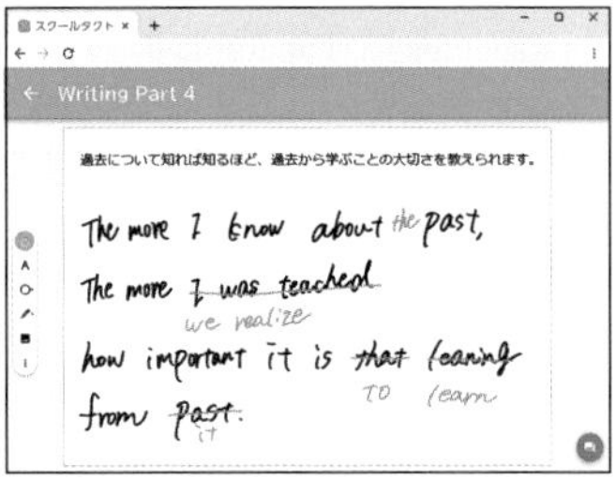

事例 13

協働的な学び

比較して視点を広げる

いろいろな解答アイデアを共有

算数　問題解決　交流・共有　共同閲覧モード

やってみよう!

共同閲覧モードで友達の考えを見比べる

STEP 1

先生が直角三角形の面積を求める課題を配布します。 画像1

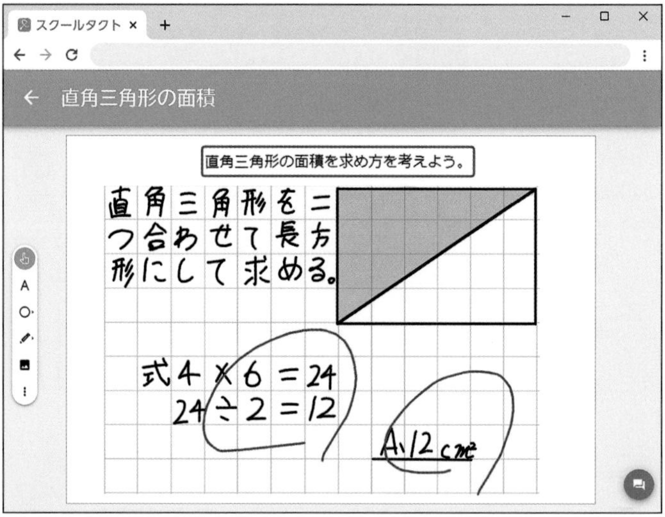

画像1 児童生徒は、直角三角形の面積の求め方について、工夫しながら考える

STEP 2

共同閲覧モード 詳細▶P.152 に切り替え、回答を共有します。児童生徒は、自分の考え方とほかの児童生徒の考え方を比較します。 画像2

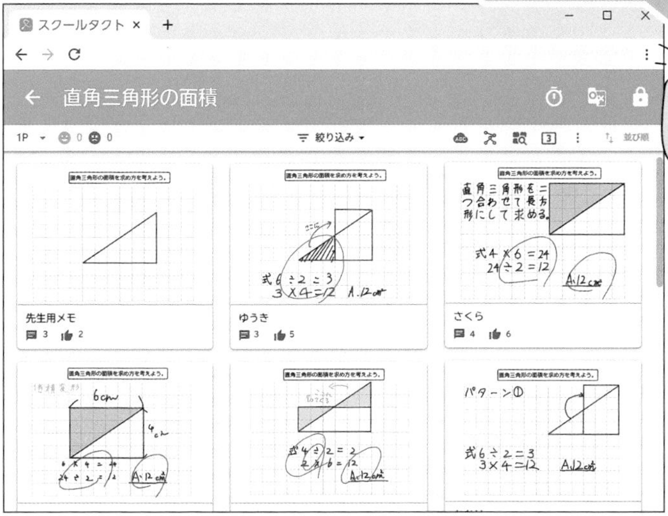

画像2 面積の求め方についてのさまざまな考え方を知り、自分の考えを深める

こんな使い方もできる

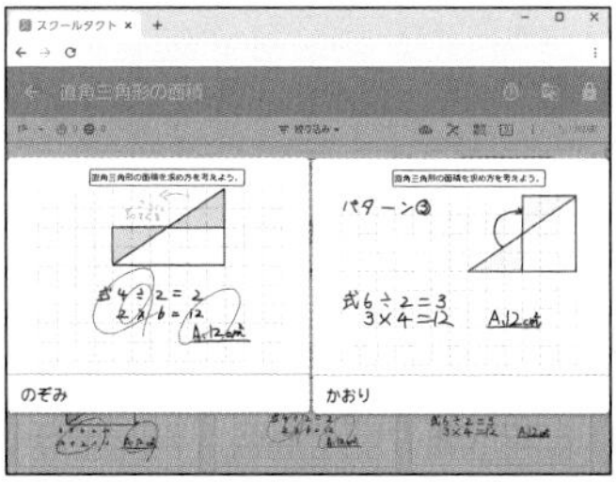

共同閲覧モードにし、児童生徒がお互いのキャンバスを閲覧し合うことで、数学的な見方や考え方に気付くことができます。
「こういう考えで結果を求めたんだな」「私とはこういう違いがあるな」という自己内対話を行うことで、児童生徒の主体的で対話的な深い学びを促します。
先生が大型モニターなどに考え方の異なる複数のキャンバスを表示することで、それぞれの考えを比較することもできます。

事例 14

協働的な学び

作問を通じて学びを深める

問題の出し合い

算数　問題解決　交流・共有　いいね機能

やってみよう！

問題を作って、お互いの問題を解く

STEP 1

先生が問題文を入力する枠を作成し、児童生徒に配布します。画像1

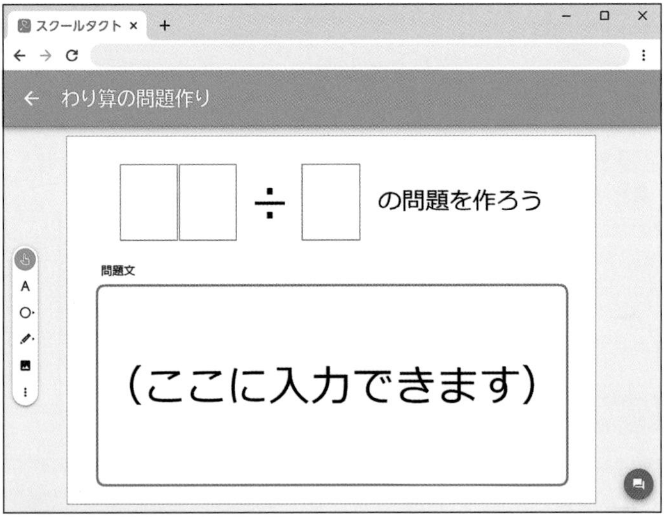

画像1 「2桁の数字÷1桁の数字」など、作問の土台となる計算の型も提示しておく

STEP 2

児童生徒は、先生が指定した計算の型に当てはまるように、文章問題を作成します。 画像2

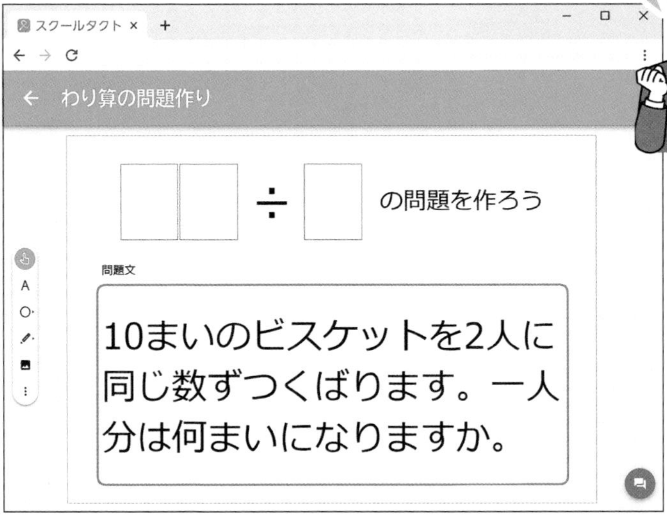

画像2 児童生徒が問題を作る

STEP 3

先生は、**共同閲覧モード** 詳細▶P.152 に切り替えます。児童生徒同士で作った問題を解き合い、「これいいな」と思った問題には「**いいね**」 詳細▶P.154 を送ります。

ヒント

目的に応じ「いいね」を使おう

「いいね」は、先生用アカウントで「いいね数の非表示」 詳細▶P.154 の設定ができます。非表示にすると児童生徒には自分のキャンバスに付いた「いいね」の数が見えなくなるため、数に気を取られすぎずに学習に取り組めます。ほかにも、「いいね」の数を非表示にし、最終的に「いいね」が最も集まった問題をクラス全体で解く実践にも活用できます。

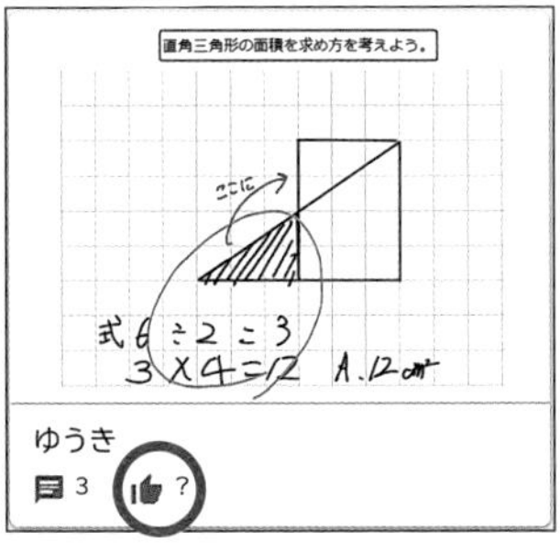

事例 15

協働的な学び

友達の意見から気付きを深める

学びのキーワードを見える化

振り返り　言語活動　記録　ワードクラウド

やってみよう!

ワードクラウドで振り返りを読み解く

STEP 1 振り返りを記入する課題を先生から児童生徒に配布します。

STEP 2 児童生徒は、授業の終わりに学習の振り返りをテキストで入力します。児童生徒の入力後に先生が**共同閲覧モード** 詳細▶P.152 に切り替えます。 画像1

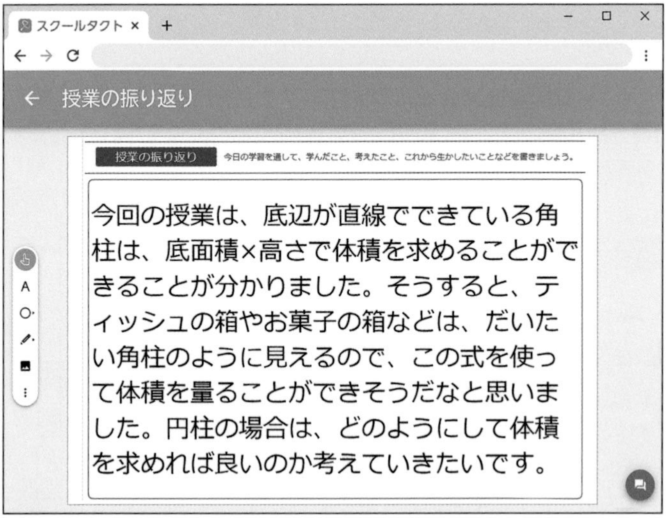

画像1 分かったことや疑問に思ったことなど、授業での気付きをテキストで入力する

STEP 3

児童生徒が**ワードクラウド** 詳細▶P.153 を表示します。自分と同じ言葉を使っている児童生徒のキャンバスや、別の言葉を使っている児童生徒のキャンバスを見て、気付きを深めます。 画像2

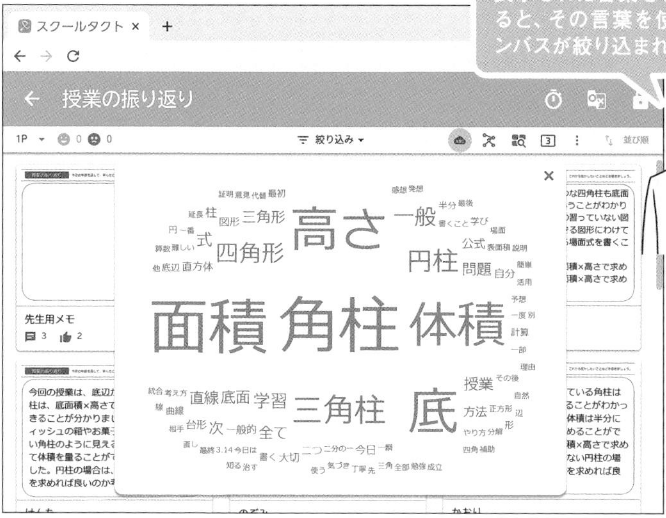

画像2 振り返りの中で、多く使われた言葉ほど、大きく表示される

こんな使い方もできる

グループでテーマを決める探究学習の導入時に、ワードクラウドを活用し、児童生徒が興味関心を持っているテーマにまつわる言葉を、キャンバスに入力します。ワードクラウドを使うと、多く入力された言葉ほど中央に大きく表示されるため、グループの興味関心に基づいたテーマ設定を行いやすくなります。
国語の「春の言葉あつめ」では、児童生徒が見つけて書き出した言葉を瞬時に見える化できます。
右の画像は、小学校4年生の「秋を見つけよう」の学習です。授業の冒頭に「秋の言葉」を書き出して、ワードクラウドで表示します。その後、ワードクラウドのキーワードを参考にして秋の俳句を作り、交流をしました。

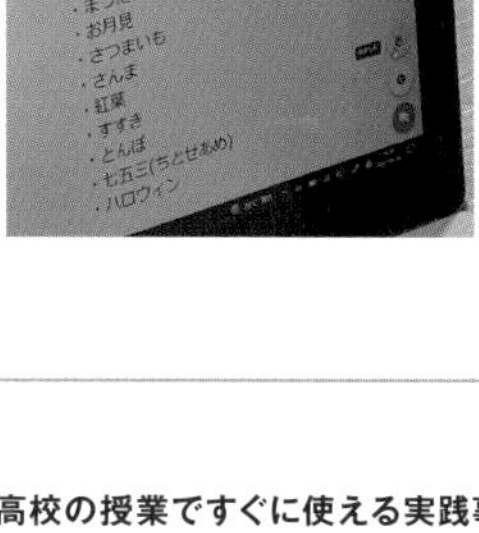

事例 16

協働的な学び

対話を通した協働的な学び

グループでの学習課題作り

導入　問題解決　共同編集　シンキングツール

やってみよう!

共同編集モードで話し合う

STEP 1

自分が学びたい内容を児童生徒が自分のキャンバス画面に書き込みます。その後、先生が**共同編集モード** 詳細▶P.152 にします。児童生徒は4人ごとのグループに分かれ、自分の考えを持ち寄り話し合います。 画像1

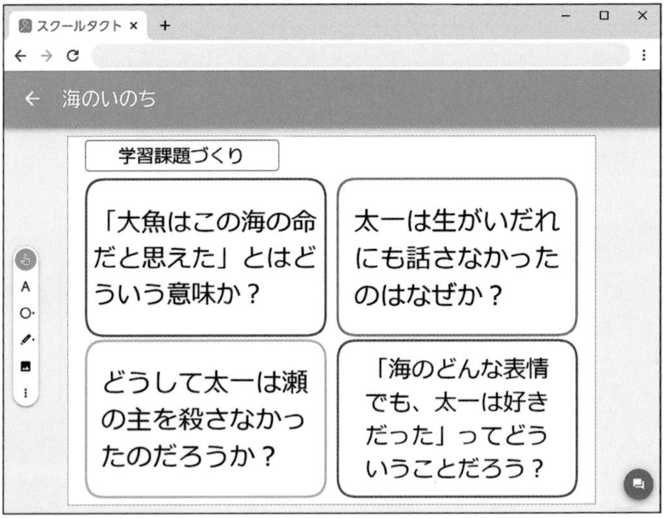

画像1 児童生徒は、キャンバスに書いた学びたい内容をグループの代表者のキャンバスに持ち寄り話し合う

STEP 2

児童生徒が学習課題を書いた後、学習課題作りと共に配付されたピラミッドチャートを使い、調べる順番と内容を決めます。 画像2

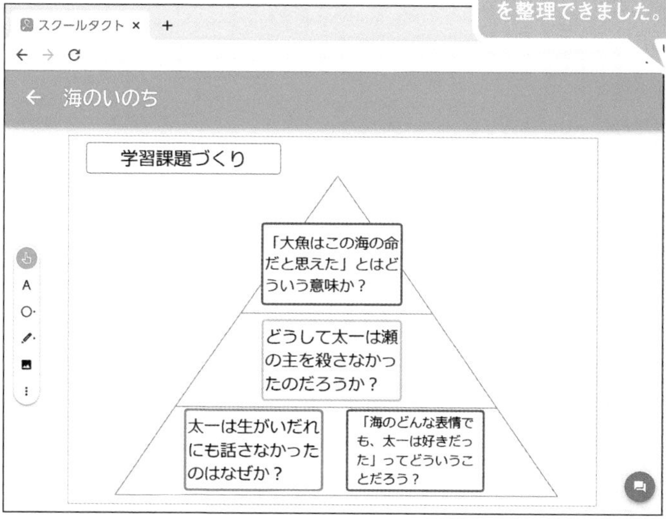

画像2 ピラミッドチャートを用いて、学習課題の重要度を話し合う

STEP 3

整理した重要度をもとに、グループごとに話し合いながら学習を進めていきます。

こんな使い方もできる

学習の目的に合わせて、共同編集モードと、**グループ課題** 詳細▶P.156 を使い分けられます。
例えば、共同編集モードは、児童生徒が自分のキャンバスで考えをまとめてから、代表者のキャンバスに持ち寄り、話し合う活動にお勧めです。考えを書いた付箋を持ち寄り、話し合うようなイメージです。
グループ課題は、先生が設定した任意のグループで、1つのキャンバスを共有しながら話し合う活動にお勧めです。グループごとに1枚の模造紙を共有して、書き込みながら活動するようなイメージです。

この課題テンプレートを使う　全学年・全科目・全て・ピラミッドチャート　検索

事例 17

協働的な学び

作る喜びと伝える喜びを引き出す

学習新聞の共同制作

新聞作り　言語活動　情報活用　グループ課題

やってみよう！

学習新聞を作って交流する

STEP 1

児童生徒は個人で学習課題について調べ、まとめます。 画像1

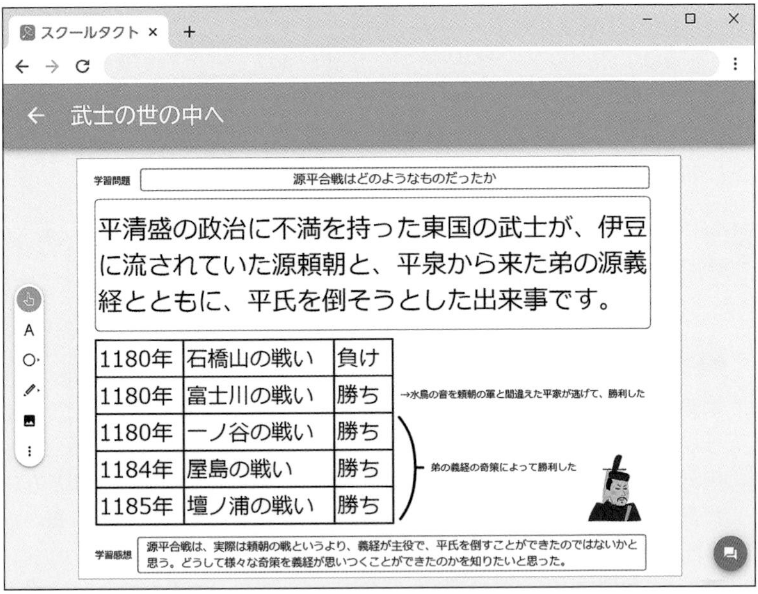

画像1 源平合戦について、答えや感想を書く欄を用意して児童生徒に配布する

STEP 2

児童生徒は個人で調べたことを持ち寄り、グループで新聞づくりを行います。**グループ課題** 詳細▶P.156 で配布すると、1つのキャンバスをグループごとに共有し編集ができます。 画像2

画像2 源氏と平氏が争った平治の乱以降のいきさつをグループで新聞にまとめる

STEP 3

先生は完成した新聞をPDF形式でダウンロードし、印刷したものを教室の壁面に掲示します。 画像3

画像3 グループごとの新聞を、メニューからPDF形式でダウンロードする

こんな使い方もできる

児童生徒のキャンバスは、PDF形式でダウンロードできます。一人分のキャンバスの全ページのほか、全員の同じページをPDF形式で保存することもできます。

この課題テンプレートを使う 全学年・全科目・全て・新聞 検索

事例 18

協働的な学び

学びの質をルーブリックで評価

探究学習をまとめよう

探究学習　問題解決　情報活用　収集・作成

やってみよう!

調べた内容をまとめ、評価する

STEP 1

先生は、探究学習で調べたことをまとめるレポートの書き方について説明します。画像1

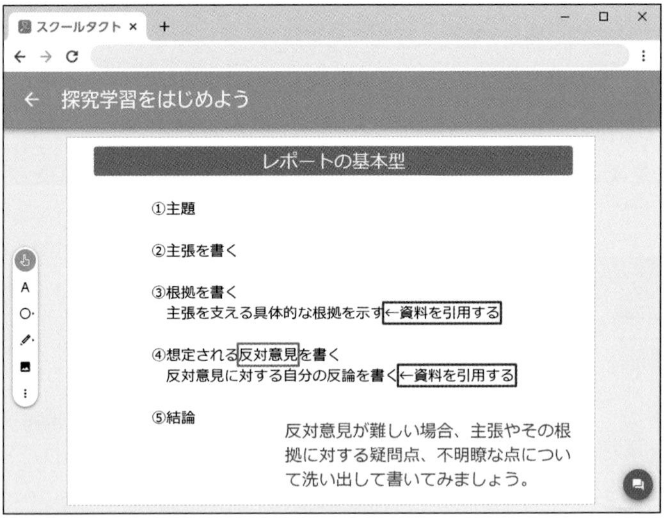

画像1 主題や主張を書くこと、資料を引用することなどレポートの基本型を児童生徒に提示する

STEP 2

児童生徒は、自分自身で探究のテーマを決めて学習を進めます。学習の最終段階では、レポートの基本型に沿ってまとめを行います。

STEP 3 探究学習での振り返りを記入します。 画像2

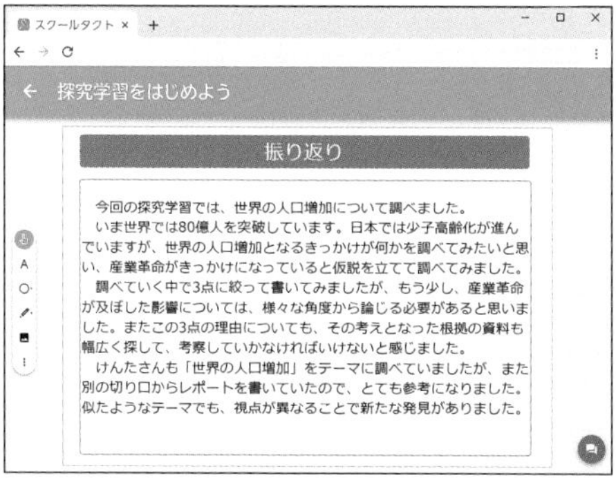

画像2 児童生徒はレポートの作成過程や直面した困難、それに対する工夫など、活動の振り返りを書き込む

STEP 4 ルーブリック評価 詳細▶P.155 で示した項目に沿って、学習を通じた自己評価や先生評価を行います。 画像3

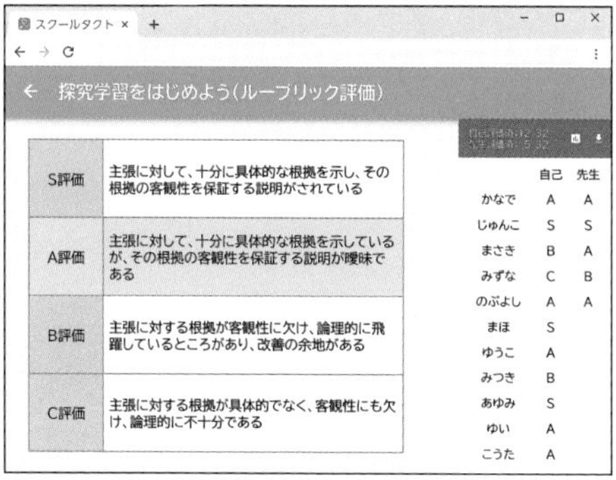

画像3 先生があらかじめ決めておいた評価軸に基づき、ルーブリック評価を行う

こんな使い方もできる

共同閲覧モードにすることで、お互いのキャンバスを確認でき、児童生徒同士でアドバイスを送ったり、学びを深めることができます。
また、「誰でも受講」で学年の全児童生徒を受講者にして、総合的な探究の時間で活用すると、学年間での交流も可能です。お互いの研究成果などの取り組みを紹介するだけでなく、制作途中でも、テーマが近い児童生徒同士が交流をしながら学びを進められます。

事例 19

協働的な学び

アイデアを一カ所に集めてグループで考える

スローガン作り

学級活動 / 意見集約 / 問題解決 / グループ課題

やってみよう!

グループ課題でアイデアを書き出す

STEP 1

先生は、直線ツールを使いキャンバスをA～Fのグループ数に合わせ区切ります。その後、クラス全員を1つのグループとしてひも付けた**グループ課題** 詳細▶P.156 として配布します。
クラス全員を1つのグループとして設定することで、全員でホワイトボードを使い意見を出し合うイメージで活動ができます。

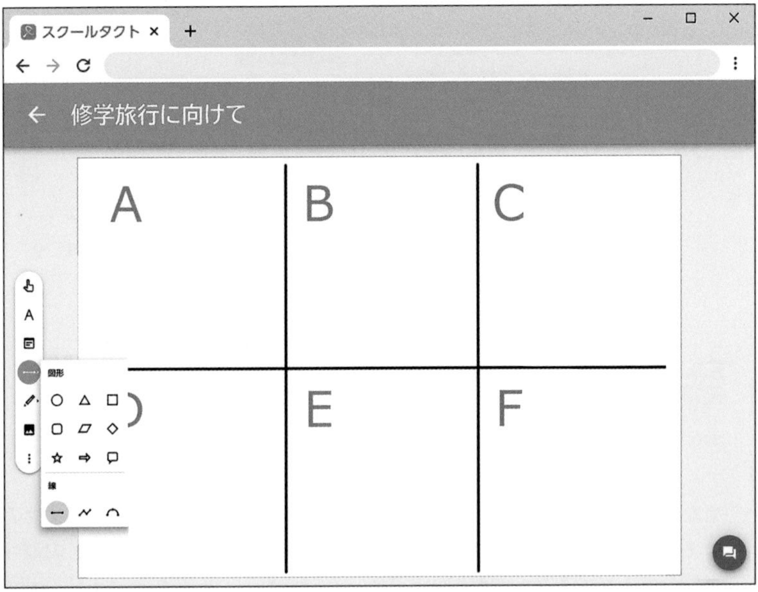

画像1 先生は直線ツールで各グループの意見を集約する枠を作り、配布する

STEP 2

「どんな修学旅行にしたいか」をテーマにグループごとにスローガンを作り、それぞれのグループの枠の中に書き込みます。ほかのグループの案を見ながら話し合い、クラスで1つのスローガンを作ります。 画像2

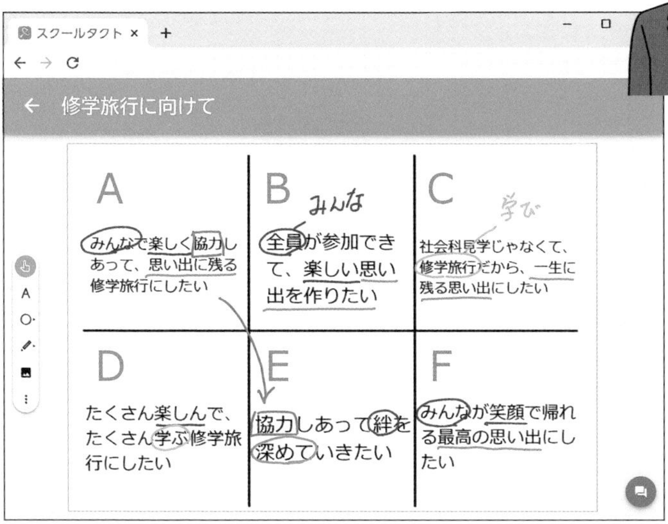

画像2 グループごとにペンの色を分け、キーワードになりそうな言葉や思いを見つけ、目印やコメントを書き込む

こんな使い方もできる

グループ課題を設定すると、そのグループに設定したメンバーだけで活動できます。体育のボールゲームの学習では、ほかのグループに知られることなく作戦を考えることができます。試合後に共同閲覧モードに切り替えることで、お互いの作戦を知り、振り返ることもできます。

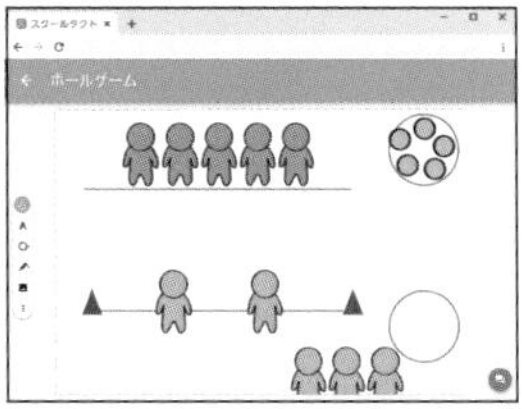

事例 20

協働的な学び

縦割りのつながりを深める

学年を超えた交流

異学年交流　言語活動　交流・共有　誰でも受講

やってみよう!

「誰でも受講」で異学年交流をする

STEP 1

「誰でも受講」の授業枠を作成し、異学年交流の対象となる受講生を追加します。 画像1

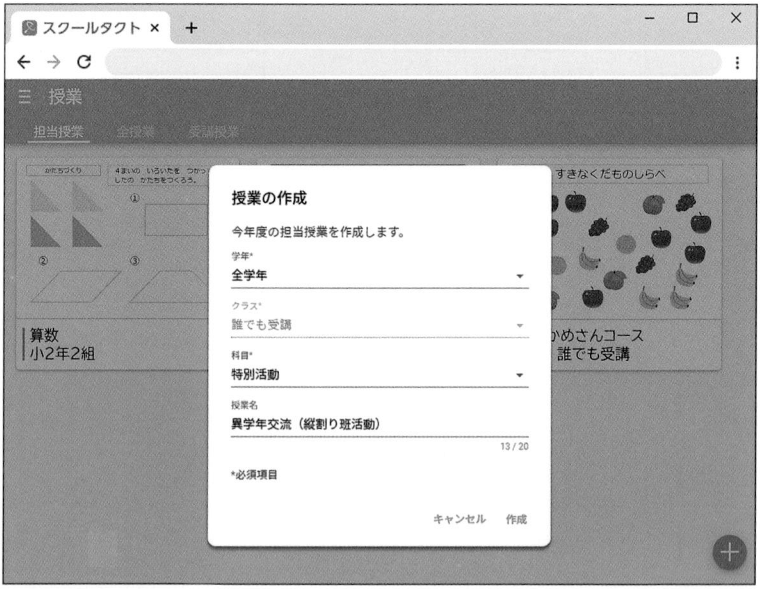

画像1 「誰でも受講」で授業の作成をすることで、クラスや学年を超えた取り組みが行える

STEP 2

先生は運動会の振り返りの課題を作成し、**共同編集モード** 詳細▶P.152 で配布します。 画像2

画像2 上級生が書き込む欄と下級生が書き込む欄を用意する

STEP 3

事前に決めた異学年のペアでお互いのキャンバスを開き、アドバイスやエールなどを書き込みます。

ヒント

クラスの枠にとらわれない「誰でも受講」

「誰でも受講」で授業枠を作成すると、先生が手動で受講生を追加したり、先生が伝えた受講コードを児童生徒が各自で入力したりすることで、授業に参加できます。委員会活動や異学年交流など、クラスや学年の枠を超えた活動や、クラスの一部の児童生徒のみが参加する少人数授業なども行いやすくなります。
なお、大人数の児童生徒が登録された授業枠は、課題の読み込みに時間がかかる場合があります。また、手動での受講者の追加登録は最大300名となります。受講コードを入力すると対象以外の方も授業に参加できてしまうので取り扱いには注意しましょう。

事例
21

協働的な学び

クラス以外の頑張りを評価する

委員会やクラブで活用しよう

委員会活動　クラブ活動　振り返り　記録

やってみよう!

委員会やクラブについて活動を振り返る

STEP 1

児童生徒は、学期ごとの委員会活動を振り返り、1ページ目の振り返り項目に沿って3段階評価から当てはまるものを選びます。 画像1

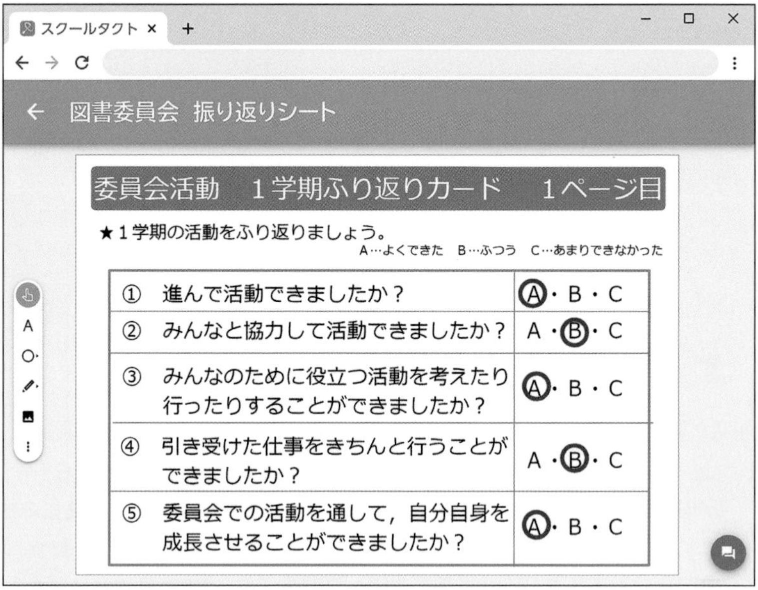

画像1 児童生徒は当てはまる項目に丸を付ける

STEP 2

児童生徒は、具体的に頑張ったことや次に生かしたいことを2ページ目に記入します。 画像2

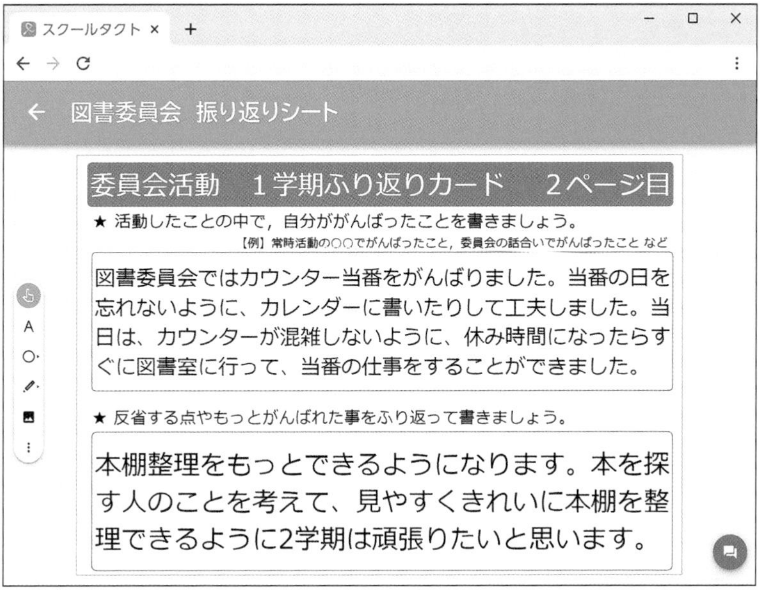

画像2 活動内容で特に頑張った点や反省点などを児童生徒が記入する

こんな使い方もできる

振り返りだけでなく、毎回の活動記録をテキストや写真などで残すのもお勧めです。記録を残すことで、議事メモとして後から見返すことができます。
また、クラブ活動では、クラブ内の連絡に使ったり、クラブでの活動の様子を紹介したりするのもいいでしょう。来年度に入部する後輩に向けて、クラブでの1年間の取り組みを紹介したり、クラブのアピールなどにも活用できます。

事例 22

協働的な学び

学年を超えて交流を深める

全校で記念のロゴマークを作ろう！

特別活動　異学年交流　交流・共有　誰でも受講

やってみよう！

一人一人のアイデアをキャンバスに描き上げる

STEP 1

創立の周年を記念して、全校でロゴマークを作るためのコンクールを開催します。校長先生は、「誰でも受講」で作成した授業枠に、全校の児童生徒を登録し、コンクールの課題を配布します。 画像1

画像1 創立の周年を記念したロゴマークの作成について、全校の児童生徒に課題を配布する

STEP 2

さまざまなアイデアから児童生徒がロゴマークを描き、提出します。 画像2

画像2 児童生徒が提出したロゴを確認する

STEP 3

実行委員会などが代表でロゴマークの優秀作品を選ぶほか、「**いいね**」機能 詳細▶P.154 を利用し、全校の児童生徒による投票で決めることもできます。 画像3

画像3 代表がロゴマークを選ぶか、「いいね」機能を使って投票でロゴマークを決めてもいい

こんな使い方もできる

「誰でも受講」は、全校朝会や学校行事など、学校全体をつなげる活動でも役立ちます。
中学校や高校の生徒会総会では、全校に議案を配布し、コメントを集められます。投票機能と組み合わせ、匿名での意見集約も行えます。

事例 23

よりよい学級経営

自分を見つめ、互いを知る

「朝の気持ち」で健康観察

朝の会　健康観察　言語活動　交流・共有

やってみよう！

体調や気持ちを共有する

STEP 1

先生は時間割や連絡事項を記入して、朝の会で配布します。 画像1

朝のうちに素早く連絡ができ、子どもたちの体調を確認できるので一石二鳥です！

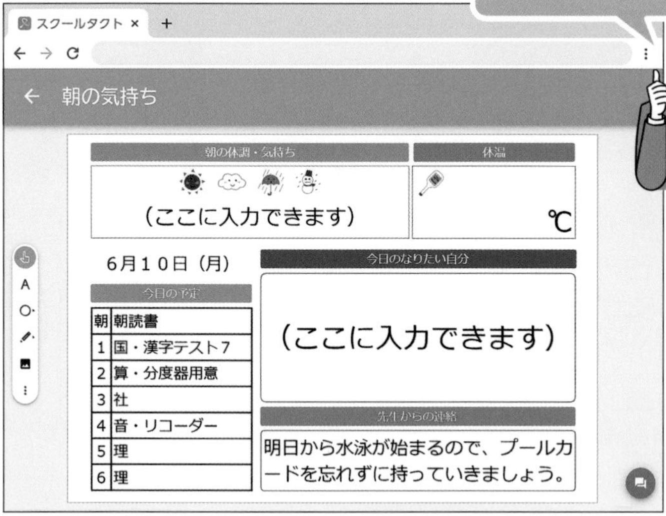

画像1 テンプレートを活用しながら、連絡事項を記入する

STEP 2

児童生徒は配布された連絡事項を確認した後、キャンバス上に自分の体調や気持ちについて書き込みます。

STEP 3

共同閲覧モード 詳細▶P.152 にして、児童生徒は、コメントや「いいね」を使い交流します。先生は画面上から交流の様子を確認します。 画像2

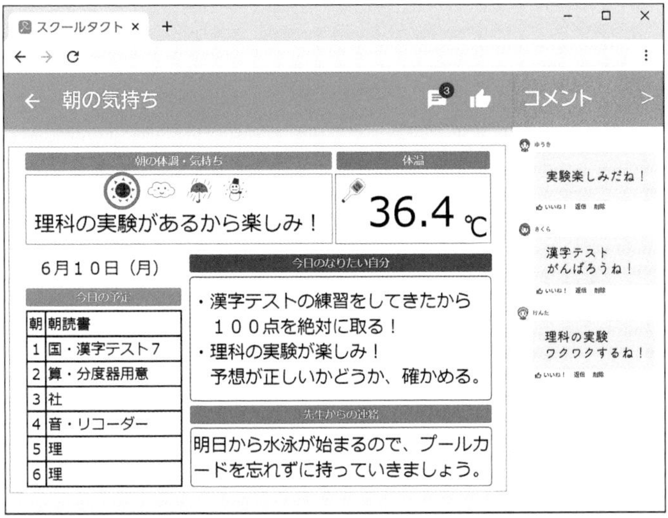

画像2 児童生徒同士の体調や気持ちを共有し、交流を行う

こんな使い方もできる

課題テンプレートの検索で、全学年・全科目・全てを選択して、「朝ノート」や「お知らせ」で検索すると、さまざまなシーンで活用できるテンプレートが表示されます。朝の連絡以外にも、宿題範囲のお知らせや、係活動の実施報告などにも活用できます。

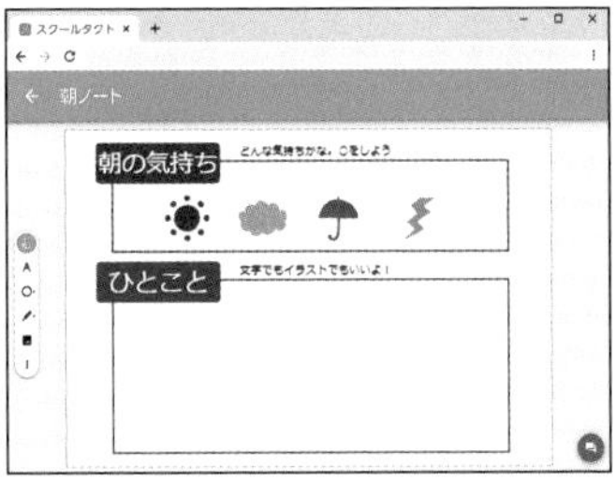

この課題テンプレートを使う 全学年・全科目・全て・朝ノート 検索

事例 24

よりよい学級経営

学級内の人間関係の変化に気付く

発言マップでつながりを見える化しよう

学級経営 協働学習 交流・共有 コメント・いいね機能

やってみよう!

学級内の人間関係の変化に気付く

STEP 1

発言マップ 詳細▶P.153 を使うと、児童生徒が送り合ったコメントの数、いいねの数、キャンバスを閲覧し合った数などを見られます。 画像1

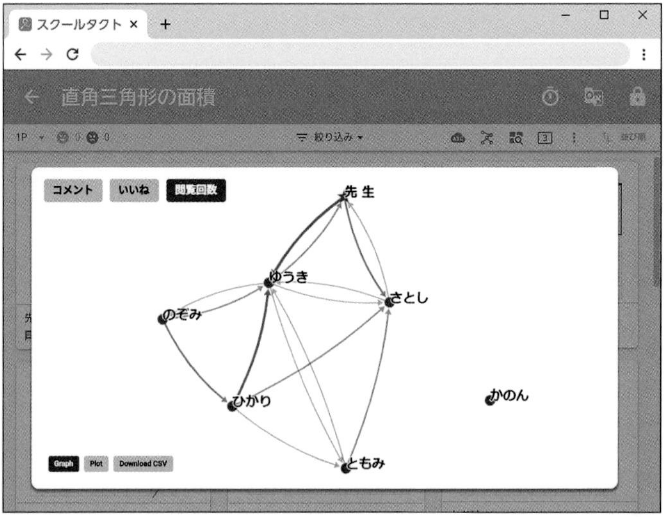

画像1 Graph画面では、児童生徒間の閲覧やコメントの送り合いなどの「つながり」を見える化できる。つながりを見れば、孤立している児童生徒や人間関係の変化などに気付きやすくなる

STEP 2 Plot画面にすると、多く見られているキャンバスやリアクションを活発に行う児童生徒などを確認できます。 画像2

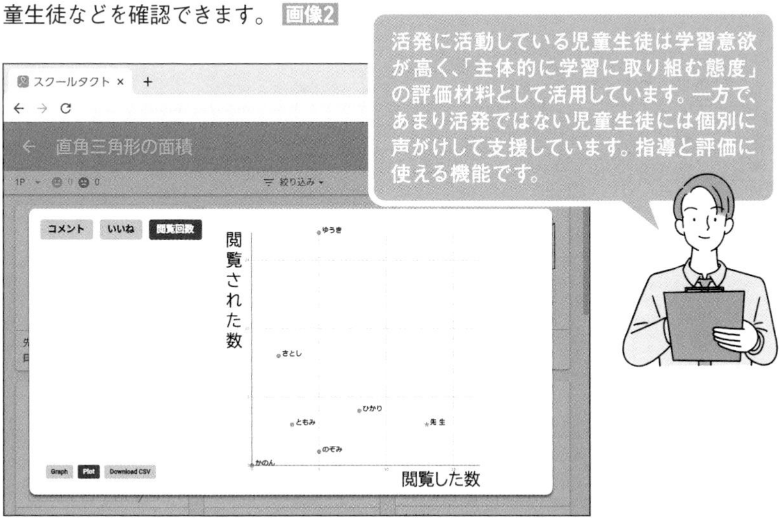

画像2 キャンバスを閲覧した数と閲覧された数に応じて、グラフ上に児童生徒の名前が表示される。児童生徒の授業参加度合いを、相対的に確認できる

こんな使い方もできる

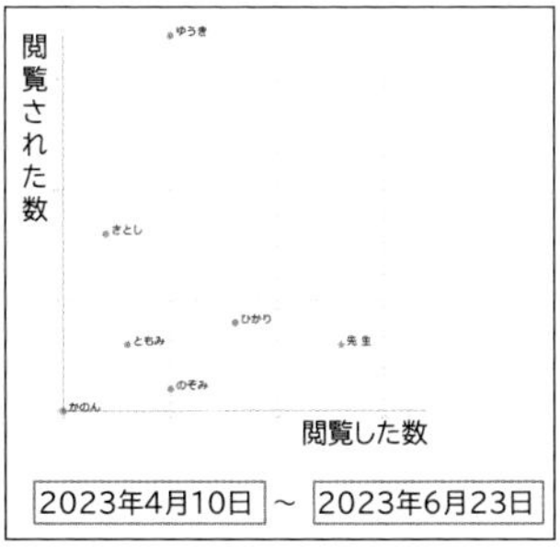

授業枠ページの画面左上に表示されている「学習ログ」をクリックすると、授業単位での発言マップが表示されます。また対象とする期間の設定や、CSVファイルのダウンロードなどもできます。例えば、国語の物語教材の学習を行った際に、その期間を設定し、CSVファイルをダウンロードします。表計算ソフトでデータを開くと、リアクションの数などが表で表示され、該当期間にどの児童生徒がどれだけ多くの交流をしていたかを数値で把握できます。これらは「主体的に学習に取り組む態度」の評価材料にすることもできます。

	A	B	C	D	E	F	G	H	I	J	K	L
1	学年	組	番号	児童名	単元名	課題名	課題の配布日	課題の提出日	コメントを受けた数	いいねを受けた数	他への閲覧数	他へのいいねした回数
2	4	1	1	さとし	ごんぎつね	初発の感想	2022/10/4 11:00	2022/10/4 11:37	12	15	10	8
3	4	1	1	さとし	ごんぎつね	物語を整理しよう	2022/10/5 9:00	2022/10/5 9:22	4	3	6	5
4	4	1	1	さとし	ごんぎつね	第一場面を考えよう	2022/10/6 13:35	2022/10/6 14:03	8	5	4	3
5	4	1	1	さとし	ごんぎつね	第二場面を考えよう	2022/10/9 11:00	2022/10/9 11:18	11	16	15	13
6												

事例 25

指導と評価の一体化

毎時間の頑張りを見える化

振り返りで学びを蓄積

振り返り　学習評価　言語活動　ポートフォリオ

やってみよう!

星を色付けして学びを振り返る

STEP 1

「分かったこと」「できたこと」「考えたこと」「次に頑張ること」など、1時間の体育の授業の振り返りを児童生徒が記入します。 画像1

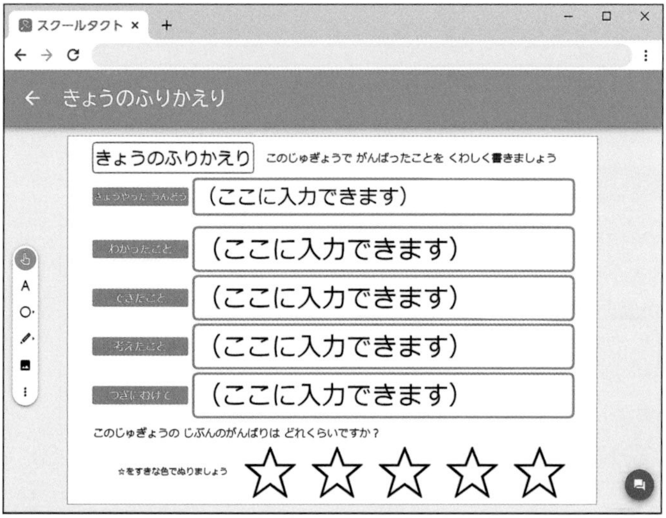

画像1 児童生徒は項目に合わせて、活動の振り返りを書き込む

STEP 2

振り返りを参考にしながら、自分の頑張り度を5段階の星の数で表現します。 画像2

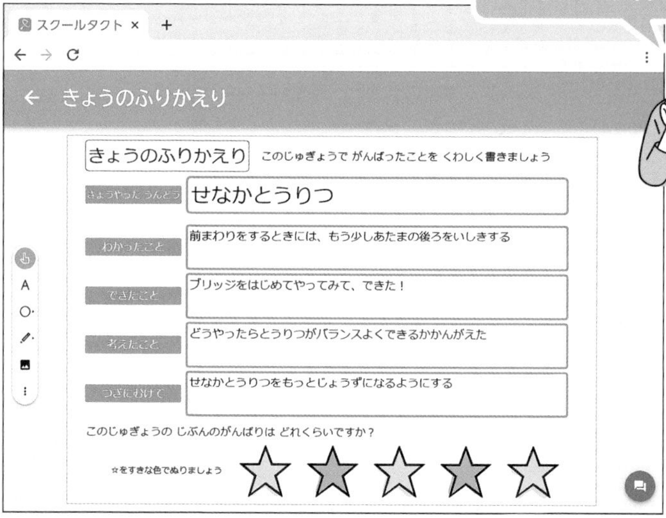

画像2 頑張り度に合わせて星の数を塗りつぶし、自己評価を行う

STEP 3

次時も同じ振り返りの枠を使う場合、「**課題の複製**」 詳細▶P.154 を実行して配布します。

こんな場面でも役立つ！

全学年・全科目・全て・振り返りで課題テンプレートを検索すると、各学年や各教科に応じて振り返りができるテンプレートが表示されます。

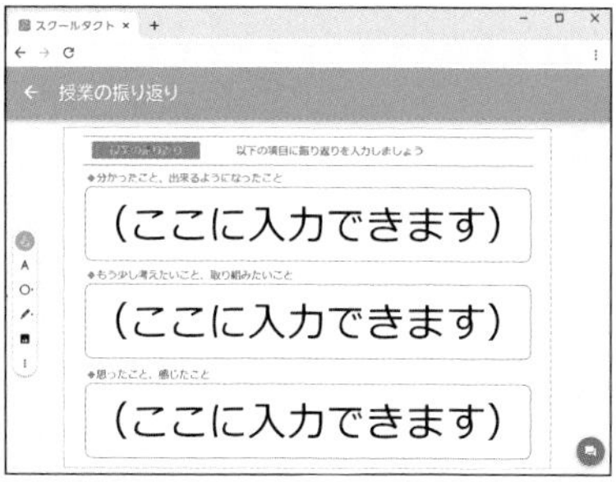

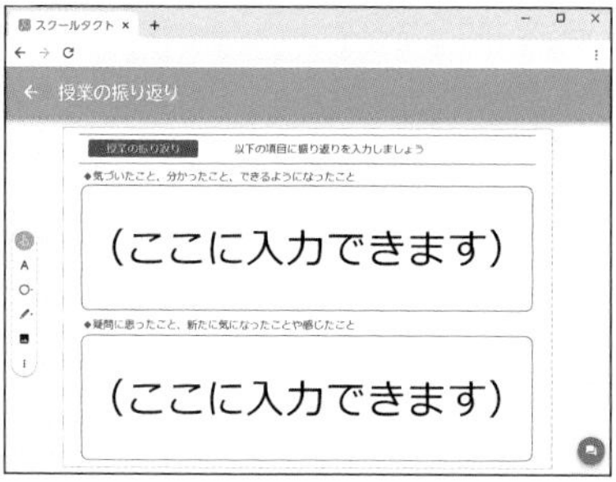

事例 26

指導と評価の一体化

学習の目標を明確にする

評価基準を児童生徒に伝える

振り返り　記録　学習評価　ルーブリック

やってみよう！

自己評価と先生評価を実行

STEP 1

ルーブリック評価 詳細▶P.155 を作成し、自己評価・先生評価を設定の上、配布します。 画像1

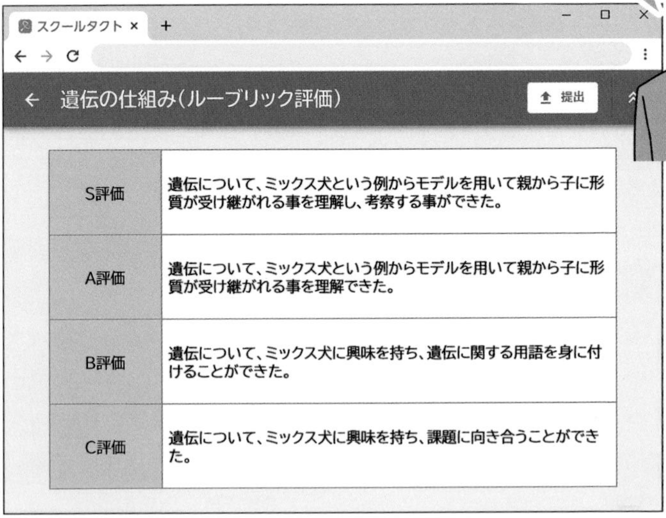

S評価	遺伝について、ミックス犬という例からモデルを用いて親から子に形質が受け継がれる事を理解し、考察する事ができた。
A評価	遺伝について、ミックス犬という例からモデルを用いて親から子に形質が受け継がれる事を理解できた。
B評価	遺伝について、ミックス犬に興味を持ち、遺伝に関する用語を身に付けることができた。
C評価	遺伝について、ミックス犬に興味を持ち、課題に向き合うことができた。

画像1 学習目標に対する評価基準をルーブリックで児童生徒に伝える

STEP 2

児童生徒は、評価基準を確認しながら活動を振り返り、自己評価を行います。

STEP 3 児童生徒の評価を確認しながら、先生も評価します。 画像2

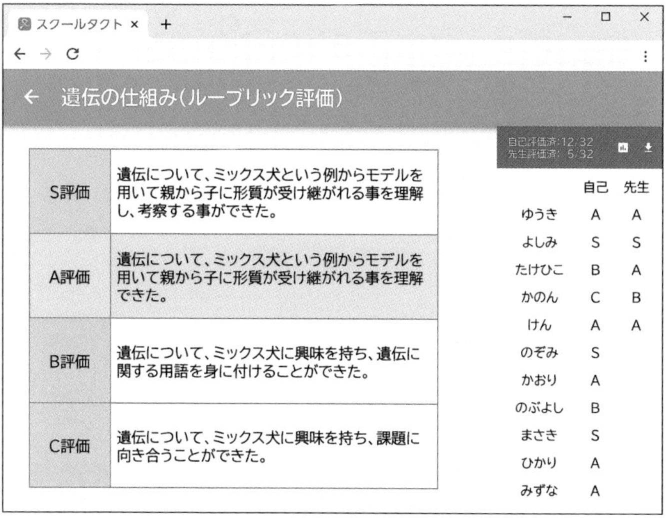

画像2 先生と児童生徒それぞれが、評価を把握し合う

ヒント

ルーブリック評価とは

ルーブリックとは、評価の点や評価内容、評価基準を組み合わせた表のことです。授業や課題に取り組む前に、先生から児童生徒に評価基準を伝えます。児童生徒は、自分の達成するべき目標を段階ごとに把握してから学習に臨めるので、意欲的に取り組めるようになります。授業後に、目標を達成できたかどうか児童生徒自身で振り返り、自己評価を行うことで、学びが深まります。児童生徒が記入したルーブリック評価は、CSVファイルとしてダウンロードすることができ、教育評価の一部として活用できます。

	A	B	C	D	E	F	G
1	生徒の名前	生徒の評価	評価テキスト	先生の評価	評価テキスト	生徒のコメン	先生のコメン
2	ゆうき	A	遺伝について	S	遺伝について	難しいところ	とてもよく頑
3	さとし	S	遺伝について	S	遺伝について	インターネット	しっかりまと
4	かのん	B	遺伝について	A	遺伝について	友達に教えて	分かりやすく

事例 27

校務の効率化

休みでも様子が分かる

オンライン日記交流

学級活動　言語活動　記録　交流・共有

やってみよう!

コメント機能を活用したコミュニケーション

STEP 1

長期休業期間や学級閉鎖の際に、児童生徒の様子を把握するときに使います。児童生徒はイラストや画像を交えた絵日記を作り、先生に提出します。画像については、プライバシーに配慮するよう事前に指導しておきましょう。 画像1

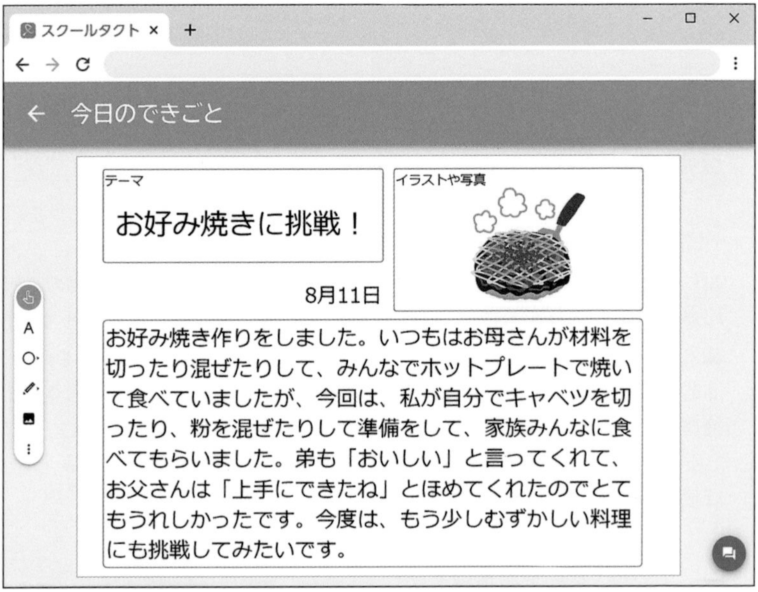

画像1 児童生徒は夏季休暇中に、日々の様子を絵日記にして書き込む

STEP 2

児童生徒がコメントを書き込んだり、課題を提出したりすると、画面右上の鈴のアイコンに通知が届きます。
先生と該当の児童生徒のみがやりとりできるよう、共同閲覧モードへの切り替えなどは行わないようにしましょう。

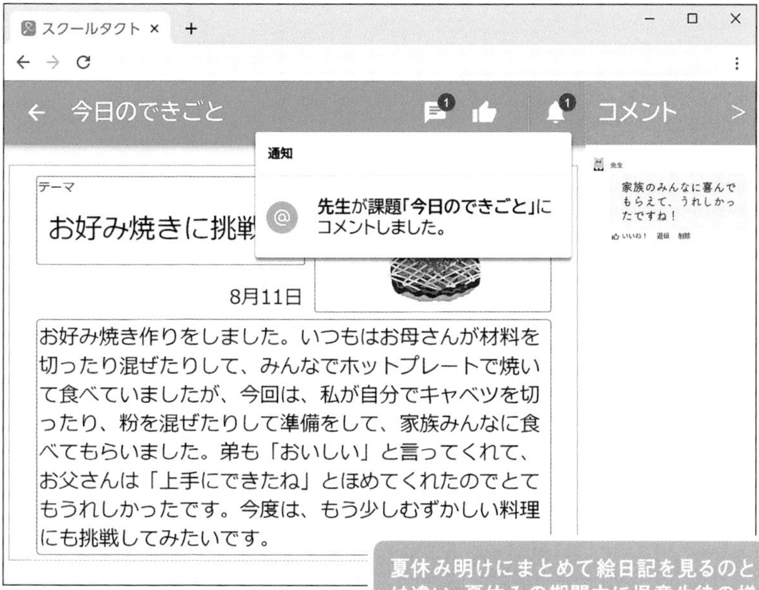

画像2 通知を確認し、必要に応じて児童生徒にコメントを送る

夏休み明けにまとめて絵日記を見るのとは違い、夏休みの期間中に児童生徒の様子を確認できて、助かっています。コメントを送る頻度や時間帯などのルールは、事前に児童生徒と決めていました。

ヒント

通知をチェックしよう

先生が新しい課題を配布したときや課題の提出時間が迫っているときは、先生と児童生徒のそれぞれに通知が届きます。通知や通知の未読数は画面右上の鈴のアイコンで確認しましょう。通知をクリックすれば該当のページをすぐに開けます。

事例
28

校務の効率化

教員間の気付きを共有

指導案や課題の配布

校内研修　記録　交流・共有　ペーパーレス

やってみよう!

授業の様子を記録する

STEP 1

「誰でも受講」を利用し、研究授業に参観する教員を受講生に登録します。指導案をPDF形式で取り込み、課題として教員に配布します。 画像1

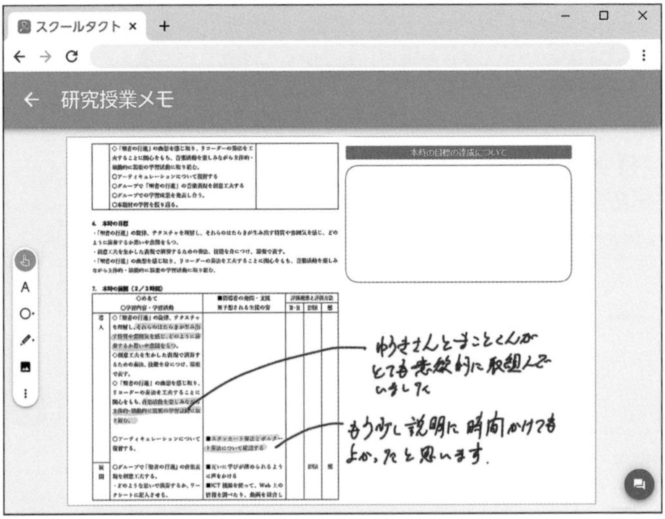

画像1 配布された指導案にメモなどを記録する

STEP 2

参観した教員は、カメラで撮影した画像やテキストを使って授業中の気付きをまとめます。画像2

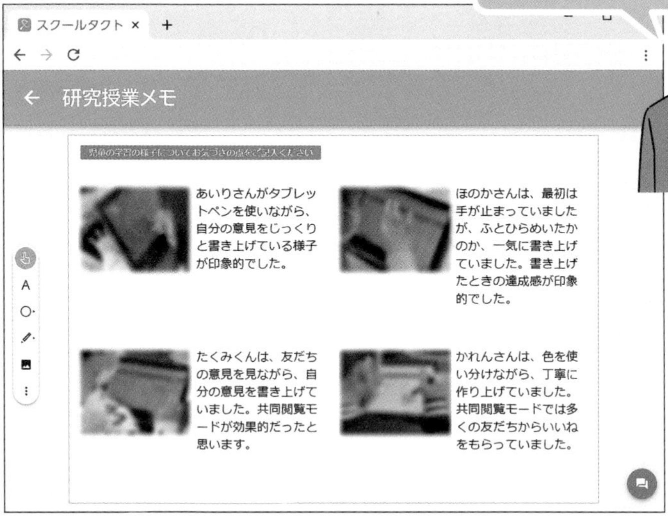

画像2 授業での児童生徒の様子などを記録する

STEP 3

教員同士の研究会では、**共同閲覧モード** 詳細▶P.152 にして、お互いの資料を確認しながら話し合いを進めます。

こんな使い方もできる

受講コードを使えば、教員でも授業に参加できます。主催する教員が「誰でも受講」で授業枠を作成し、参加する教員に受講コードを知らせます。参加する教員は、トップページの上部メニューから、「受講授業」を選択し、受講コードを入力することで参加できます。
職員会議や校内での研修、部会などで授業枠を作成すると、資料の共有や議論の場として活用することができます。

Column

授業支援システムで学びが充実！教員の負担が軽減

授業支援システムを利用すると、児童生徒の学びがより充実したものとなります。スクールタクトは授業支援システムの1つで、1人1台の端末を活用しながら主体的・対話的で深い学びを実現できます。

❶より分かりやすく

授業支援システムにより、画像、動画、音声などの視聴覚コンテンツやデジタル教材を教員から児童生徒にすぐに提示できます。児童生徒は端末を利用して動画コンテンツを一時停止したり、再確認したりすることで、理解を深めることができます。

❷より活発に

教員と児童生徒、児童生徒同士の情報共有や意見交換がしやすくなります。授業支援システムを通して、活発なコミュニケーションを行い、協働的な学びを実現できます。

❸個別最適な学びが可能に

児童生徒の理解度に応じた教材を提供することで、個別最適な学習を実現できます。また、教員は、児童生徒の学習の様子をリアルタイムに把握できるので、よりきめ細やかな指導と支援ができます。

❹教員の負担を軽減

資料やワークシートなどの授業素材の配布と回収がシステム上で可能となるため、授業準備が効率化します。さらに、プリントを印刷する手間を省けるので、働き方改革にもつながります。

❺学びの記録を残す

学んだ内容や各種学習記録、成果物などがデジタルで保存できます。これにより、学年を超えていつでも学びの記録を振り返ることが可能となります。自身の過去の学習と比較することで、児童生徒は自分自身の成長を実感できます。

このように授業支援システムは、児童生徒の個別最適な学びや協働的な学びを促したり、教員の負担を軽減したりすることができます。授業支援システムを活用して児童生徒の学びの質を高め、より楽しく豊かな学校の時間を創っていきましょう。

第2章

自治体や学校での導入・実践事例集

この章では、
授業支援ツールを導入・活用している
自治体や学校の先進事例を紹介します。
どのような教育方針のもとで
授業支援ツールを選定したか、
ICTの環境整備や利活用施策を進める工夫・ポイント、
学校や児童生徒・先生の変化など、
ICTの活用施策を進める関係者から聞き取りをしています。
学校間(教員間)のICT利用の格差を
解消する方法がよく分かります。

CASE 1

「岡崎版GIGAスクール構想」における「学び方改革」で個別最適化学習とチーム学習を実現

愛知県岡崎市

岡崎市の活用推進
－3つのポイント－

1. 「岡崎版GIGAスクール構想」を「ICT環境の整備」「学び方改革」「働き方改革」の3本の柱で推進
2. 「学び方改革」を軸に個別最適化学習とチーム学習を据え、心理的安全性を大切にした学び合いを実施
3. 児童生徒同士の学び合う力を引き出して、クラス内での協働的な学びを促進していくツールとしてスクールタクトを活用

愛知県岡崎市

徳川家康公の生誕の地で知られる岡崎市は、豊かな自然と歴史や文化が魅力の街。愛知県内3位の人口規模で中核市・中枢中核都市にも指定されており、市内には小学校が47校、中学校が20校ある。2020年に「岡崎版GIGAスクール構想」を掲げ、学習者主体の授業づくりやチーム学習を通して、多様な児童生徒の個別最適化された学習を目指している。

「岡崎版GIGAスクール構想」を掲げ、1人1台端末の活用をスタート

岡崎市教育委員会
教育政策課
GIGAスクール戦略係
係長
川本祐二氏

いずれ1人1台端末で学ぶ時代が来ることを想定して、2014年からタブレット端末を活用した学びに取り組んでいた岡崎市。当時は1校当たり40台の端末を配備し、ICT活用の実践を進めていました。岡崎市教育委員会教育政策課GIGAスクール戦略係 係長 川本祐二氏は「ICT活用に対してさまざまな可能性が見えた一方で、学校で1クラス分しか端末がない状態では誰でも気兼ねなく利用できないことが課題でした」と当時を振り返っています。

そんな中、2020年に始まったGIGAスクール構想。岡崎市ではこれまでの課題やICT教育で培った実践ノウハウを生かし、教育のさらなる質の向上を目指す独自の構想として「**岡崎版GIGAスクール構想**」を掲げました。この構想では「多様性のある全ての子供たちが、自らの特性を生かし、誰一人取り残される

「岡崎版GIGAスクール構想」　目標と方針　資料2

文科省 背景
・新学習指導要領の実施と主体的・対話的で深い学びの推進
・OECD最低レベルの教育ICT環境の抜本的改善

目標
一人一人が確実に自分の端末を使いこなすための公教育最先端の活用環境を構築することで、本市の多様性のある全ての子供たちが、自らの特性を生かし、個別最適化された学習に取り組めるようにし、Society5.0 時代をたくましく生き抜く資質・能力を育成する。

方針

1 ICT環境の整備
○令和2年度中に全67校の校内ネットワーク（有線＋無線）の整備を目指す。
○一定学年以上で個人に貸与し、「Myタブレット」としてフル活用する。
○ICT支援員の拡充を通して、1人1台環境の円滑な運用をサポートする。

2 学び方改革
○一斉授業からの脱却と、学習者主体の授業への転換。（小中各1校で研究中）
○「岡崎市プログラミング学習」（実施中）をはじめとした、ICT活用授業の推進。
○「Myタブレット」を生かした「子供eラーニング」（家庭学習との連携）の研究。

3 働き方改革
○「Okazakiスマートワーク」の推進。（職場外アクセス機能、高速エコプリンタ等）
○定例校長会議や研究発表会、教育研究大会でのペーパーレス化。（実施済）
○eラーニングによる研修やMicrosoftクラウドを活用した協働的な業務の推進。

岡崎市 背景
・多様な子供たちが特性を生かして学習できる場を保障
・グローバルな未来社会で自己実現できる岡崎の子供の育成

岡崎版GIGAスクール構想

ことなく個別最適化された学習に取り組めるようにし、**Society 5.0**時代をたくましく生き抜く資質・能力を育成する」ことを目標としています。

岡崎市ではこの構想を実行するに当たり、具体的な方針として3つの柱を策定。1つ目は「Myタブレット」としてiPadを配備し、ネットワーク環境の充実やICT支援員のサポート体制を築く「ICT環境の整備」、2つ目は、教員主導の授業から脱却し、学習者主体で学び合う授業改善を推進する「学び方改革」、3つ目は教員がよりよく働ける環境を目指す「働き方改革」という3本の柱を掲げ、1人1台端末の活用をスタートさせました。

児童生徒が主体的に学ぶために
学び合いを深められるツールが必要だった

3本柱の取り組みの中で注目したいのが「学び方改革」です。川本氏は「学び方改革について『個別最適化学習』を中核に据えている」と述べ、個別最適化学習を実現するためには、一人一人の考えを尊重しながら、児童生徒同士が関わりの中で学び合うチーム学習が鍵になるといいます。また、個別最適化学習には学力的な成果を期待するだけでなく、すべての児童生徒が学校で安心して学び、活躍できるような場面をたくさん作りたいという強い思いがあると川本氏。「個別最適化学習を目指していけば、さまざまな個性や特性を持つ児童生徒が、学校で自分らしく学びを深め、自己表現できるようになっていくと考えています」。そんな教育に対する思いを学び方改革に込めた岡崎市。同市では、個別最適化学習の重要性について、学校や保護者にも「一人一人の学びを大切にする岡崎の教育」という表現で伝えており、誰一人取り残されることなく、自らの資質・能力を育んでいくことを目指しています。

学び方改革を進めるに当たり、ICTをどのように活用していくべきでしょうか。岡崎市では、Myタブレットで実現できる学びとして活用イメージを例示しています。具体的には、デジタル教科書や**AIドリル**、教育アプリなどの活用、動画視聴、ビデオチャットによる交流、授業支援システムによる画面共有や学び合いなど、

岡崎版
GIGAスクール構想
https://www.city.okazaki.lg.jp/houdou/p025589_d/fil/2020013001.pdf

Society 5.0
日本が提唱する次世代の社会ビジョン。狩猟社会(Society 1.0)、農耕社会(Society 2.0)、工業社会(Society 3.0)、情報社会(Society 4.0)とし、Society 5.0は、サイバー空間とフィジカル空間を高度に融合させたシステムによって開かれる社会。
https://www8.cao.go.jp/cstp/society5_0/

AIドリル
教材にAI（人工知能）を導入し、学習者の解答から理解度をAIが判定して、学習者に応じた問題を自動選択し表示するもの。

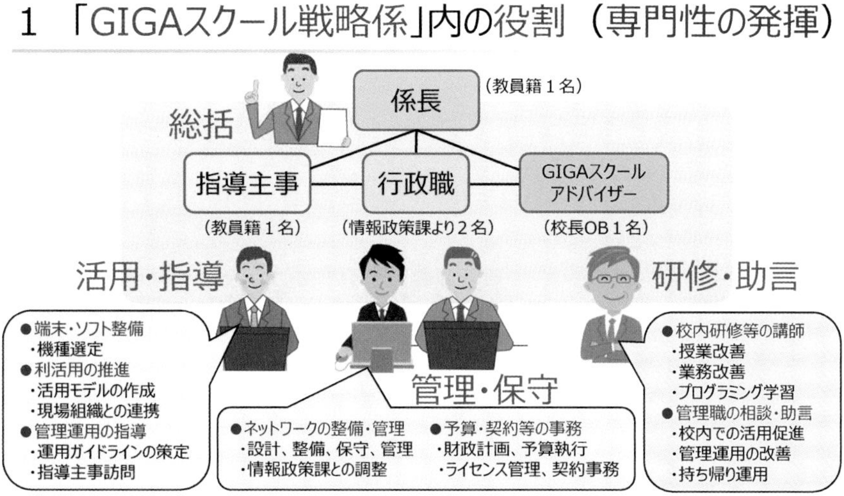

GIGAスクール戦略係の体制

ICTがどのように活用できるのかを示しました。

特に岡崎市が重視していたのが、授業改善の根幹に関わる授業支援システムによる学び合いだったといいます。川本氏は「今までの授業では、児童生徒がワークシートに意見や考えを書いても、それを見ることができるのは教員が中心で児童生徒同士が見ることは限定的でした。自分の意見が生かされないと感じることが、主体的になれない要因の1つではないかと思っていたので、GIGAスクール構想前から学び合いを深められるツールが必要だと考えていました。スクールタクトは、実際の動きを見て、岡崎市が目指す教育を実現できるツールだと感じました。授業に革新をもたらしたいというスクールタクトに込められた思いにも共鳴しました」と述べています。

「GIGAスクール戦略係」を組織化し、管理職も教員も学び合いの価値を実感できる研修を実施

「岡崎版GIGAスクール構想」の実現に向けて、同市ではどの

ような組織体制を築いたのでしょうか。岡崎市教育委員会教育政策課GIGAスクール戦略係 指導主事 杉坂和俊氏は、「GIGAスクール戦略係という新たな係を設置し、それを首長部局との連携に強みを持つ教育政策課の中に配置したことが特長として挙げられます。情報システム部門との協働を通じて、システム導入やネットワーク設計など、ICT環境整備をスムーズに進めやすいことが利点でした」と語っています。

岡崎市教育委員会
教育政策課
GIGAスクール戦略係
指導主事
杉坂和俊氏

GIGAスクール戦略係の体制は、教員籍の係長の下、指導主事1名、情報政策課より行政職2名、元校長が担うGIGAスクールアドバイザー1名という人員配置になっており、教員籍が入ることで学校現場とのつながりを大切にしています。業務内容もそれぞれの専門性を生かして、指導主事が「活用・推進」、行政職が「管理・保守」、GIGAスクールアドバイザーが「研修・助言」という形に役割分担。学校現場でICT活用を推進するためには、管理職の理解が欠かせないことから、元校長のGIGAスクールアドバイザーが管理職に助言するなど、現場におけるICT活用推進のポイントを押さえた体制を築いています。

ほかにも、GIGAスクール戦略係と連携を取って現場の活用

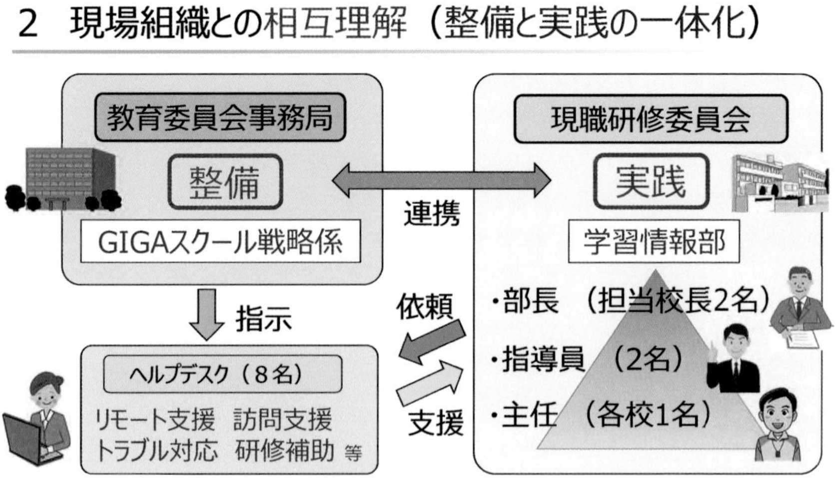

GIGAスクール戦略係と現職研修委員会の連携体制

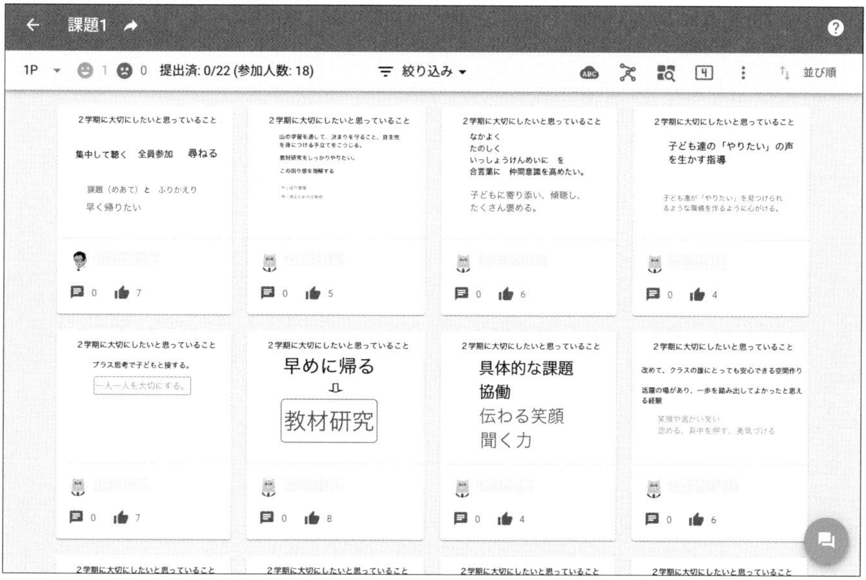

目標を共同閲覧モードでシェアすることで新たな気付きが生まれる

推進に取り組んでいるのが、「現職研修委員会」という組織です。この組織は、岡崎市の現場の教職員で形成される教科・領域ごとの部会で、これまでも自主的な研修が熱心に行われてきた歴史があります。そんな現職研修委員会の中に、ICT活用推進の役割を担う「学習情報部」を設置し、実習形式の研修を実施したり、活用方法を各校に広めたりしています。学習情報部は、指導的立場にある学習情報指導員の2名が部会の取りまとめを行い、各校を訪問して研究授業で指導・助言も行います。杉坂氏は「教員の自主的な学び合いがICT活用推進に一番効果的でした」と話しており、教員同士が互いにICT活用について自由に意見を交わす場が重要であることが分かります。

学び合いの価値を実感できる教員研修

岡崎市では、教育委員会もさまざまな教員研修を実施しています。GIGAスクールアドバイザー 本間茂夫氏は「1人1台端末の実践範囲は広く、各学校の取り組みも異なるので、どんなこと

岡崎市教育委員会
教育政策課
GIGAスクール戦略係
GIGAスクールアドバイザー
本間茂夫氏

を学びたいのか、どんなスキルを身に付けたいのかを話し合い、ICTの得意な教職員が講師になったり、外部から講師を招いたりして各種研修を実施してきました。こうした研修は小学校・中学校の垣根を超えて実施しており、教職員同士が学び合う文化があったことがICT活用推進の要因の1つであったといえます」と話しています。

また研修自体もICT活用が進むにつれて、内容をレベルアップしてきたとのこと。端末の基本的な操作を学ぶ導入研修においては、GIGAスクール構想がスタートする前の1校当たり40台の端末が配備されたタイミングで実施済みで、GIGAスクール構想後は、1人1台端末を前提に授業改善を目的とした研修を行っています。本間氏は「教員に個別最適化学習やチーム学習の意義を伝えて、そのツールとしてスクールタクトの活用を位置付ける実習形式の研修を行ってきました」と語っています。ICT活用ありきではなく、岡崎市が目指す個別最適化学習やチーム学習への理解促進にも力を入れているのです。

ほかにも、教育委員会では教務主任向け、管理職向けの研修も実施しています。教務主任向け研修では、教育委員会が実施した研修内容を持ち帰り、自校の教員に対して、教務主任がファシリテーターとなって、スクールタクトに「2学期に大切にしたいこと」を書いてもらい、共同閲覧モードでその回答を共有。「いいね」を伝え合ったり、ワードクラウドでどのようなキーワードが出ているのかを確認したり、共同閲覧モードで互いの意見を共有することで学びが深まることを体感しました。管理職向けの研修でも同様に、スクールタクトの共同閲覧モードを使って、「校長として大切にしていること」といったテーマに対する意見を共有。互いに良いところを見つけ合ったり、他者の意見も加味して自分の考えをアップデートしたりと、校長が学び合いの価値を理解し、そのツールとしてスクールタクトの有効性を実感できるような研修を実施しています。こうした研修を通して、管理職や教員が個別最適化学習やチーム学習という学び方改革に理解を示したとともに、学び合いの良さに気付いたことが、ICT活用へのモチベーション向上につながり、スクールタクトの活用へと広がっていったのです。

岡崎市が取り組む「チーム学習」とは

岡崎市が目指す「一人一人の学びを大切にする岡崎の教育」について、学び方改革の中核に個別最適化学習を据えていることを前述しました。個別最適化学習を実現するには、一人一人の考えを尊重しながら、児童生徒同士が関わりの中で学び合うことが重視されており、岡崎市ではチーム学習の充実に力を入れて取り組んでいます。このチーム学習とは、一体どのようなものでしょうか。

チーム学習では、4人組のチームの中で助け合いながら学習のゴールを目指します。学習課題に対し、まずは児童生徒の一人一人が自分自身で考え、解決に取り組むのですが、中には途中で手が止まってしまう児童生徒もいます。そのようなつまずきに直面した場合は、4人組のチームの中で助け合い、ゴールを目指していきます。川本氏は「困ったときはいつでもチーム内でSOSを出せるという心理的安全性を大切にしています」と話しています。

チーム学習でも役に立つのがスクールタクトです。4人の児童生徒のリアルなコミュニケーションだけではチームの中で学びが閉じてしまう可能性もあるため、スクールタクトを使ってすべて

チーム学習で話し合い

のクラスメートとつながり合えることも重視しています。また、チーム学習で話し合いをする際も、クラス内の各チームがスクールタクトで緩やかにつながり、ほかのチームの考えを参考にしながら自分たちの話し合いに生かすこともできます。川本氏は、「チーム学習におけるスクールタクト活用の肝は、児童生徒たちの学び合いを促せること」といいます。共同閲覧モードにすることで、学び合いが自然に生まれ、クラスメートと自分との意見の違いに気付き、多様な見方や考え方を受容できるようになります。これは、教材をデジタルで配布するという単なるペーパーレス化に留まらないICTならではの最大の利点だというのです。さらに、挙手・発言・板書という従来のプロセスを経ずとも意見の共有が図られることから、時短にもつながります。そして、授業時間をスリム化できた分、授業の山場でじっくりと時間をかけて話し合いをするというようなメリハリの利いた授業づくりが可能となります。

こうしたチーム学習を毎時間の授業に5分や10分でも取り入れていくことで、授業デザインや教員の役割が変わっていくと川本氏はいいます。さらに、チーム学習を通して児童生徒が友達との関わり合いの中で学ぶ楽しさを味わうことができれば、「学校へ行きたい」「学校で学びたい」という気持ちを広げられ、子供たちの居場所づくりや絆づくりにもつながります。

現在、学校に行けない児童生徒の増加が課題になっていますが、岡崎市では校内のチーム学習を核としつつ、多様な学びの場を提供することにより、困難を抱える児童生徒たちにも自分らしく学べる環境を整えています。市内中学校に順次開設している「**校内フリースクール**」もその手立ての1つです。

校内フリースクール
岡崎市がもともと公立中学校に設置していた校内適応指導教室を解消し、新たに設けた長期欠席者のための教室。「F組」と呼ばれ、全中学校に設置している。

岡崎市の小学校をレポート！
「チーム学習」で学びはどう変わる？
学校現場の価値ある挑戦

ここからは岡崎市が注力する「チーム学習」を中心に、岡崎市の学校でどのような学びが行われているのかを紹介しましょう。チーム学習にスクールタクトを活用することで、学びがどのように深まり、変わっていくのか。校長先生や現場の教員に話を聞きました。

個を把握し、教員はファシリテーター役へ

岡崎市立六名小学校は、市内で2番目の規模を誇る学校です。同校の太田幹也校長は、チーム学習は新たな挑戦であり、難しさもあるといいます。そこで同校では、3ステップでチーム学習の浸透を図っています。

岡崎市立六名小学校
太田幹也 校長

六名小学校が進めるチーム学習の3段階ステップ

ステップ1　授業の一部分をチームで取り組む
ステップ2　1授業45分間、すべてチームで取り組む
ステップ3　朝の会から帰りの会まで、学校生活をチームで過ごす

チーム学習で難しいのは教員が授業の中で児童の「個」を把握する部分だと太田校長。「チーム学習では教員がファシリテーター役になることが求められていますが、どうしても教えたがる傾向があります。スクールタクトでは、リアルタイムで子供の学習状況が分かるので、教員がサポートを行う最適なタイミングを待てるようになったことが大きいと感じています」（太田校長）

ほぼすべての教科でチーム学習を実践している竹田真由教諭は、「チーム学習に切り替えてから、置いていかれる児童が格段に減りました。また、すぐに課題ができる児童もチームの仲間が全員理解できるまで一生懸命に教えたり、どうしたら伝わるかを考えたりと、意欲的に学習に取り組めるようになってきた」と話しています。児童からも「意見を伝え合うときにスクールタクトの共同編集モードが使えてすごく便利」という声が聞かれ、授業中も書き込みをしながら熱心に説明する姿が見られるようになりました。

竹田教諭はチーム学習について「効果は学級経営全体に広がり、クラスの仲が非常に良くなって、自分には仲間がいるという安心感につながっています」と語っています。算数などの反復が重要な学びでは、軌道に乗るまではチームで取り組み、応用問題などはどんどん個別で取り組むという具合に、チーム学習と個別最適化学習のバランスに注意して授業を設計しているといいます。

岡崎市立六名小学校
竹田真由 教諭

竹田真由先生の4年生算数のスクールタクト活用例

時間	授業内の指示や活動
導入 5分	教員　スクールタクトの画面に前時の振り返りを配布。「前に電車の長さを勉強したね」など声かけを行い、解答を板書
展開 10分	教員　目当て「小数÷整数のしかたを考えよう」を板書 児童　それぞれ問題に取り組む 「一人分の長さを求める式は、次の言葉の式で表せます。【　】÷【　】＝一人分の長さ」 教員　「難しければヒントをめくってもいいよ」とスライドにあるヒントマークの存在を示す 
15分	教員　ある程度解き進められたタイミングで、チーム学習を促す。その後、共同閲覧モードに切り替える 教員　スクールタクトで計算問題を配布。「できたら手を挙げて。丸付けしていくよ」と促す 児童　チームで話し合いながら問題を解き進める 教員　「共同閲覧モードになっているから、ほかの児童が書いていることをヒントにしてもいいよ」と声をかける 
10分	教員　「終わったチームからどんどん手を挙げて。先生が丸付けするよ」と促す 児童　スクールタクトの問題を解き終わって、丸付けまで終了した児童は、副教材の問題に取り組む 
まとめ 5分	教員　本時の振り返りをスクールタクトに記入するよう促す 児童　「授業の振り返り」と「チーム学習の振り返り」をそれぞれ記入

ほかにどんな意見があるのかをワードクラウドで探す児童

同じくチーム学習を積極的に進めている中西歩澄教諭は、スクールタクトを利用して、リアルタイムに児童の状況を把握できることが重要だと感じているといいます。またすべての児童に対し、アウトプットできる機会を設けられるのもスクールタクト活用の大きなポイントだと語ります。「今までは授業中に発言できる人数に限りがありましたが、今は少なくともチームの中では自分の意見を共有できますし、スクールタクトの共同閲覧モードを使えば、クラス全員の意見を共有できます。アウトプットをしながら学び合う効果が高まっていると実感しています」と中西教諭。

岡崎市立六名小学校
中西歩澄 教諭

チーム学習では、教員がより個々の児童を把握して、ファシリテートしていくことが求められます。さらに、教員が示す学習課題も一層重要になると太田校長。「ICTは文房具なので、『ICTありき』で授業を行うべきではないと私は考えています。時代によって道具が変わっても、学校が子供の健やかな成長を支援することに変わりはありません。それを下支えする教員の役割を意識していくことが重要な視点でしょう」と太田校長は語っています。

子供が主体性を発揮できる教育を追究

岡崎市立広幡小学校は創立150年を超える城下町エリアに位置する学校で、教育方針として「主体性」を重視しています。同校の佐渡英彰教頭は「これまでの授業スタイルでは、どうしても教員が児童に知識を教える『一対全体』の構造になってしまい、児

岡崎市立広幡小学校
佐渡英彰 教頭

童が主体性を発揮できる場面が不十分でした。これからの学びはICTを活用しながら、児童が自らの考えを構築し、人に伝える体験を積んでほしい」と語っています。それを実現するための具体的な手立てとして、岡崎市が目指す個別最適化学習とチーム学習を重視。佐藤教頭は「自分の考えをまとめて進捗を管理し、チームやクラス全体に自身の考えをシェアして学び合い、そして最後には振り返ることができる仕組みづくりが重要だ」といいます。

同校の加藤良彦教諭は、「授業の中でインプットしたものをどのようにアウトプットしていくか、互いの意見に刺激を受け合えるような授業が求められていると考えており、そのためには教員の役割を転換していく必要がある」と語ります。「アウトプットの場面を増やすなど児童主体の授業に変えていくためには、児童自身が気付きを得られるようにお膳立てをしていくことが教員の役割になると考えています」（加藤教諭）。それには、スクールタクトの共同閲覧モードが有効で、児童の状況をつぶさに把握することで、児童が認められる機会を増やすことにもつながるというのです。「誰かに認められる経験は児童の自信につながっていくはずです。授業の中で、一人一人の児童が主役になれる機会を作り出すことができるようになったと思います」と手応えを語りました。

岡崎市立広幡小学校
加藤良彦 教諭

岡崎市立広幡小学校
石川瑞紀 教諭

同校の石川瑞紀教諭もチーム学習を重視し、誰一人取り残さない授業を目指しています。石川教諭は授業中、児童が自分で考えたことに加えて、ほかの児童が何を考えているのかを共同閲覧モードで確認する時間を設けています。さらに、教室の前に長期欠席の児童と接続しているタブレットを据えて、自宅からリアルタイムで授業に参加できる仕組みを構築。「長期欠席の児童も、クラスのみんなと一緒に授業を受けてほしいという思いがあるので、できる限りオンラインで接続し、スクールタクトを使ってコミュニケーションを取れるようにしています」と石川教諭は話しています。

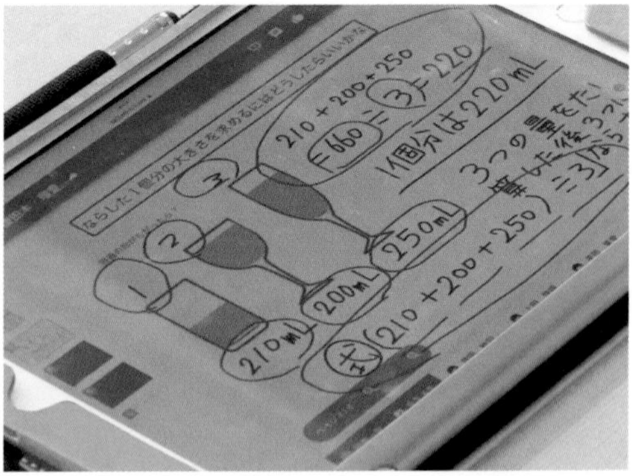

アウトプットの場面を増やすツールとしてスクールタクトを活用

石川瑞紀先生 6年生家庭科のスクールタクト活用例

時間	授業内の指示や活動
導入 **5分**	教員　児童が提出した自宅の汚れの写真を掲示して、掃除が必要な部分を確認 教員　今日の目当て「家族が快適に過ごすための掃除の計画を立てよう」と板書 教員　スクールタクトに家の汚れの写真を配布 
展開 **5分**	**児童**　児童同士でどこが汚れているかを話し合いながら、汚れている部分に丸を付けていく 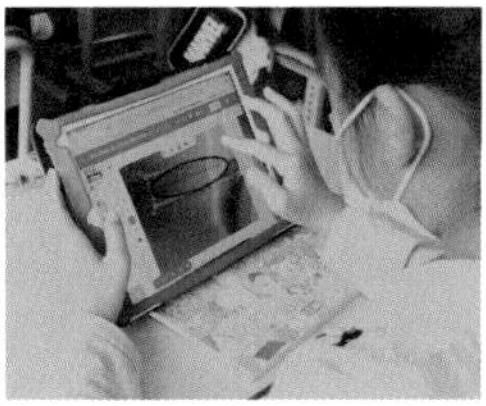
5分	教員　発表する児童を指名 **児童**　指名された児童が発表 教員　「先生が理想とする間取り」を配布。掃除が必要な部分をチェックするよう促す **児童**　個々にスクールタクトに向かって、汚れの種類を区分けしながらチェックを入れる 教員・**児童**　個人作業が終了したタイミングでチーム学習に入り、児童同士で話し合う
5分	教員　発表する児童を指名 **児童**　指名された児童が発表 教員・**児童**　発表で挙がらなかった汚れの部分について取り上げる
5分	教員　再度、授業の狙いを確認して、どのエリアの掃除の優先度が高いか、その順番と理由をスクールタクトに書き込むよう促す **児童**　挙手して自身の意見を発表
10分	**児童**　1時間で、どの部屋をどの道具を使って掃除をするか考えるワークに取り組む
5分	教員　共同閲覧モードで意見を共有しようと促す **児童**　チームの中で異なる意見に気付き、対話をする 
まとめ **5分**	**児童**　指名された児童が発表 教員　授業のまとめ

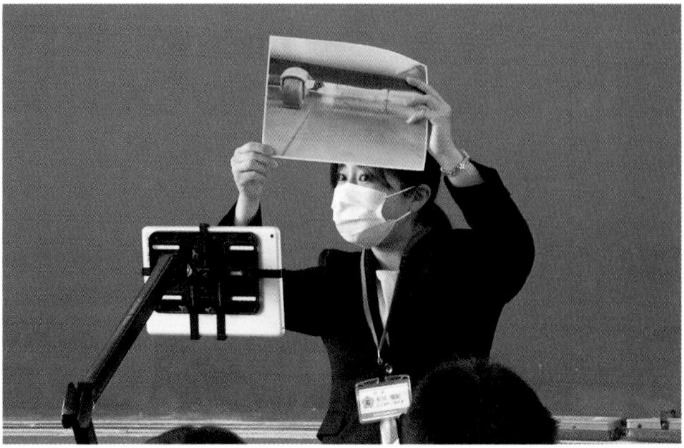

長期欠席の児童に対してオンラインで授業を実施

佐渡教頭は、教育の変わらぬ目標を守りながら、より効果的なICT活用の手法を見いだす姿勢が欠かせないと語ります。「教育には『不易と流行』があると思います。児童たちに豊かな学びを実現することは、学校の不易の使命であり、教員はその実現に向けて、児童の取り組む課題を吟味し、学習効率を上げたり分かりやすく視覚化したりするようなツールを効果的に活用することがポイントです。この不易と流行のかけ合わせこそが、これからの学校教育の肝になってくると思います」(佐渡教頭)。教育において守るべきもの、変えていくもの、その見極めが大切だというのです。

岡崎市が目指した明日の教室

「岡崎版GIGAスクール構想」を掲げて、個別最適化学習とチーム学習を軸に学び方改革を進めてきた岡崎市。教育委員会がリーダーシップを持って学びのあるべき姿を明確にし、自分たちが目指す教育を実現する手段としてICT環境やツールを整備したこと、また各校への連携体制を築いたことは、後のICT活用推進につながりました。学校現場でも管理職主導で積極的にチーム学習に取り組むなどICTが学びの中で価値を発揮し、児童生徒の学びのあり方を変えていく、明日からの教室のあり方を体現しています。

Column

「令和の日本型学校教育」の実現に向けて

文部科学省が発表した「『令和の日本型学校教育』の構築を目指して（答申）」では、全ての子供たちの可能性を引き出す、個別最適な学びと協働的な学びの実現に向けて、ICTを活用しながら授業を改善することが求められています。あらためて、「協働的な学び」とは何かを考えてみましょう。

「協働的な学び」は、ICTを活用することで、より効果的な実践が可能です。教員と児童生徒、もしくは児童生徒同士が双方向でコミュニケーションを取ったり、協力し合ったりして学習を進めることができます。

❶見方・考え方を育む

一人で学習する場合、自分の視点や思考に限定されることがあります。しかし、ほかの人と一緒に学ぶことで、さまざまな視点や考え方を知り、「見方や考え方」を育み、深い学びへつなげることができます。

❷コミュニケーション能力を育む

協働的な学びでは、ほかの人と意見をやりとりすることで、一緒に問題を解決するためのコミュニケーション能力を培うことができます。これは、チームでの仕事が求められる現代社会ではとても大切で汎用的なスキル（コンピテンシー）です。

❸他者を尊重して理解する

自分の意見をはっきりと伝えるととに、ほかの人の立場や意見を理解する能力を育むことができます。答申では「多様な他者と協働しながら、他者を価値ある存在として尊重し、様々な社会的な変化を乗り越え、持続可能な社会の創り手となる」と示されていて、そのための資質や能力の育成が求められています。

協働的な学びで大切にしたいことは、一人一人の良さや可能性を生かしつつ、異なる考え方を組み合わせることでより良い学びを生み出していくことです。ICTを活用することで、自分の考えを表現したり、ほかの人と協力したりしながら学ぶことができます。個の力をみんなで高め合う「学びの場」を創っていきましょう。

CASE 2

先生の実現したい授業に寄り添う「GIGAサポーター」

充実したテンプレートを使ってシンプルな活用からスタート

長野県伊那市

伊那市では現在、児童生徒用として5,300台、教員用に550台のiPadが稼働している

伊那市の活用推進 −3つのポイント−

1. ICT支援業務とICT活用の提案やアドバイスを行う、「GIGAサポーター」を組織化
2. GIGAサポーターは教員のコミュニケーションを重視。精神的な支えで活用を後押し
3. 管理職のICTへの理解促進を目的に、管理職研修でのICT活用を実施

長野県伊那市

長野県伊那市は人口約6万6,000人、2つのアルプスに囲まれた自然豊かな自治体。市内には小学校15校、中学校6校があり約5,200人の児童生徒が学んでいる。同市では地域に貢献できる人材育成を目指し、地元の自然や文化を取り入れた探究学習を早くから実施。2014年からiPadを導入し、ICTを活用した遠隔授業や課題解決型学習に取り組んでいる。

ICT支援業務と授業のアドバイスを行う「GIGAサポーター」を設置して教員をサポート

伊那市教育委員会
学校教育課
ICT教育推進係
ICT活用教育専門幹
足助《あすけ》武彦《たけひこ》氏

過疎化の課題を抱える長野県伊那市が目指す教育は、地域に貢献できる人材の育成。2014年にiPadを導入したきっかけも、地元への誇りが持てるようにと地域素材を生かしたデジタル教材の作成に取り組んだことでした。現在は、50年以上も歴史がある探究型総合学習にもICTを取り入れ、学習をさらに進化させています。

伊那市教育委員会 学校教育課　ICT教育推進係 ICT活用教育専門幹 足助《あすけ》武彦《たけひこ》氏はこれまでの取り組みについて「2014年当初からICTを活用した公開授業を毎年実施し、管理職や教員に実際の授業を見てもらいながら、少しずつICT活用を推進してきました。本格的に市がICT教育に取り組むことになったのは2018年で、組織の強化が必要だと考え伊那市ICT活用教育推進センターが設置されました」と話しています。同時に市内の全教員が参加する年次研修「**ICT Conference**」をスタートさせるなど、市全体に取り組みを広げる体制を整えていったのです。

また2020年にGIGAスクール構想で1人1台端末が整備されたのをきっかけに、ICT支援業務と**GIGAスクールサポーター**を兼ねた「GIGAサポーター」を教育委員会の組織として設置しました。GIGAサポーターは、各学校へ定期訪問をして教職員のICT活用をサポートするほか、教員が行いたい授業のイメージを聞いて、ICT活用の提案やアドバイスをするといいます。足助氏は「ICTスキルの異なる教員の相談に寄り添い、授業を見てくれるGIGAサポーターを組織化したことが活用推進に大きく寄与しています」と述べています。

ICT Conference
https://www.youtube.com/watch?v=MMeU8A_eU2E

GIGAスクールサポーター
各教育委員会が国の補助金などを活用して、サポーターを募集・配置し、学校におけるICT環境整備の対応をする人材。

GIGAサポーターは教員の背中を押す存在 授業に付き添い、ICT活用の不安を取り除く

GIGAサポーターの菊地弥生氏は教員から求められるサポートについて、「トラブルが発生したら困るので授業に付き添ってほしい」

伊那市ICT活用教育推進センター

**伊那市教育委員会
学校教育課
ICT教育推進係**

- 伊那市ICT活用教育推進センターを統括しています。
- 学校からの支援要請を受けて、GIGAサポーターの訪問計画を立てます。
- 情報委員会を開催します。
- 市が貸与するiPadやデジタル機器、学校Wi-Fiを管理しています。

**ICT活用
教育専門幹**

- ICT活用教育のカリキュラム企画や実践事例などを提供しています。
- 授業に役立つ技術やアプリケーションの導入を提案していきます。
- 学校内でのICT活用の展開について何でも相談できます。

GIGAサポーター

※|ICT支援業務とGIGAスクールサポーター業務を兼ねています。

- 各学校を定期訪問し、教職員のICT活用をサポートします。
- やりたい授業のイメージをお聞きして、ICT活用の提案やアドバイスを行います。
- ICT機器を使用する授業を支援します(機器・アプリのサポートのみ)。

地域おこし協力隊

- 授業参観や取材を行い、伊那市の教育の魅力を広報します。
- 教職員の校務軽減につながる提案や資料作成を行います。

伊那市ICT活用教育推進センターの組織図と業務内容

「初めてツールを使うのでそばにいてほしい」という活用に先立つ不安に関連したリクエストが多いといいます。教員のICTスキルや不安はさまざまですが、安心して授業に取り組めるようGIGAサポーターが付き添うことで、教員の次のICT活用につながるといいます。

「先生方に対してはGIGAサポーターに頼ってもらえるよう、普段から気軽に相談しやすい雰囲気を作ったり、質問にもすぐに回答したりといったコミュニケーションを心がけています」と菊地氏。「『要望があれば、2〜3人の少人数でも放課後研修会をしますよ』とか『ほかにはこんな方法もありますよ』と日常会話の中で話をしながら関係性を築き、ICTに取り組んでもらえることを大切にしています」といいます。

伊那市教育委員会
学校教育課
ICT教育推進係
GIGAサポーター
菊地弥生氏

同じくGIGAサポーターの福澤 博氏は、「スクールタクトは授業で使えるテンプレートが充実しているので、まずは自分が使えそうなテンプレートを授業で活用してみましょう」とシンプルな使い方を呼びかけているそうです。「ICTを積極的に使っている先生の質問に答えることで、その先生を中心に活用が広がったり、不得手な先生に『こうすると便利ですよ』とアドバイスすることで活用が発展したりと、先生方とのコミュニケーションがきっかけで活用が進んでいくと思います」と福澤氏。逆に「ICTを使ってください」と一方的に話しても活用は広がらず、少しずつ浸透させていく地道なやりとりが大切だというのです。

伊那市教育委員会
学校教育課
ICT教育推進係
GIGAサポーター
福澤 博氏

また、GIGAサポーターのチーム力を生かして支援することもあるようです。例えば、教員からの質問で分からないことがあったとき、すぐにほかのGIGAサポーターに連絡を取って解決手段を確認し、教員にフィードバックできるよう努めているといいます。教員は忙しく、GIGAサポーターと面会できる時間は限定的。できる限り、タイミングを逃さず対応できるようにしています。また、GIGAサポーター同士で報告会を毎日行い、市全体の活用状況を把握するほか、**Slack**を活用して学校ごとにスレッドを作り各学校の情報共有も行っています。同時にGIGAサポーターが分からないことがあれば伊那市ICT活用教育推進センターと情報を共有しスキルアップできる体制も築いているといいます。GIGAサポーターの存在が、教員のスキルアップや市全体の活用の底上げに成果をもたらしています。

Slack
ビジネスで多く利用されているメッセージアプリ。

意見共有や児童生徒の交流が活発になるICT活用に教員の共感が集まる

こうしたGIGAサポーターの活躍もあり、伊那市は市全体でICT活用が広がってきました。なかでもスクールタクトは2015年に導入されてから活用が進んでおり、2022年度に市内の教員に対し行われたアンケートでは、9割の教員が「スクールタクトを使ったことがある」と回答。写真や動画の共有に使う教員が多く、美術の作品を撮って共有し美術鑑賞をしたり、**NHK for School**の動画リンクを共有して視聴したりと、授業中の情報共有に役立っ

NHK for School
NHKが提供する学校向けの無料動画コンテンツ。

ています。また共同閲覧で児童生徒同士がコメントを書き込む活用も広がっているようです。スクールタクトにある「**発言マップ**」の機能を使えば、友達関係も把握できることから学級運営に活用する教員もいるといいます。

発言マップ
児童生徒のコメントややりとりを可視化する機能。

足助氏は教員のICT活用について、児童生徒の思考の可視化、意見共有が手軽な点に良さを感じている教員が多いと分析しています。「共同閲覧で友達の意見を見ながら『こうすればいいんだ』と前向きに取り組める子がいたり、ほかの児童生徒の意見を見て、自分の意見を書き直し、考えを再構築したりと、そんな姿を見て『ICTを使うのってやっぱりいいよね』いうと共感を得られていると思います」と足助氏。ICT活用が児童生徒の考えを可視化することに教員たちは使う価値を感じているというのです。

ICTを活用して協働的に学び合う

一方で、ICTの活用が広がるにつれて、児童生徒が不適切な使い方をしたり、それによってトラブルが起きてしまったりといった問題が発生します。伊那市も同様のことが起きており、教員からGIGAサポーターに対して児童生徒にどのように使い方を教えていけばいいか、相談されることもあるようです。足助氏は「トラブルが起きたときはICT活用のマナーを指導できるいい機会だと前向きに受け止めています」とコメント。トラブルを恐れて活用を控えるのではなく、児童生徒の情報活用能力や情報リテラシーを高める学びに変えていきたいといいます。

管理職もICT活用を体験し、有用感が得られる場を提供

伊那市では、管理職のICTに対する理解が活用推進に不可欠との考えから、「**学校CIO研修**」の場を生かし、管理職自身がICT活用を体験できる場を作っています。具体的には、スクールタクト

学校CIO研修
CIOはChief Information Officerの略。学校で教育の情報化を推進する総括責任者のことで、校長や副校長、または教頭が各学校単位でICTに関する取り組みをマネジメントし、実行する役割を担う。伊那市の場合は、全小中学校の管理職を対象に同研修を実施。

を研修会のツールに採用し、資料をペーパーレスで配布したり、意見共有を行ったりと、教員や児童生徒が授業で使うのと同じような活用を体験。そこからICTの有用感を得ることが自校での活用推進につながるといいます。足助氏によると、この取り組みが大変好評だったことから、教頭会などほかの研修会でもスクールタクトを取り入れるようになったといいます。

ほかにも伊那市では、公開授業の際も授業を参観する教員が、自分の気付きをスクールタクトに書き込み、ほかの教員と共有するようにしています。立場や勤務年数の異なる教員たちが、1つの授業をどのように見るのか、気付きを共有することが互いの学びにつながるといいます。足助氏は特に若手教員の育成に寄与すると説明しており、「ベテランの教員が公開授業を見て何を書き込んでいるのか、若手教員に見えるようにすることで、児童生徒の見取り方や授業の重要なポイントに気付く機会となっています」と述べています。教員同士が学び合うツールとしてもICTが有効に活用されています。

伊那市では、夏季研修でも市内の教員がお互いの実践を発表し合う場を設けるなど、ICTを共通言語として、教員同士が交流し合う機会を作っています。地域課題を抱える伊那市において、教員のICTスキルの向上が学びの質の保証につながることから、今後はさらに多くの教員を巻き込み、教育の質を高めていきたい考えです。

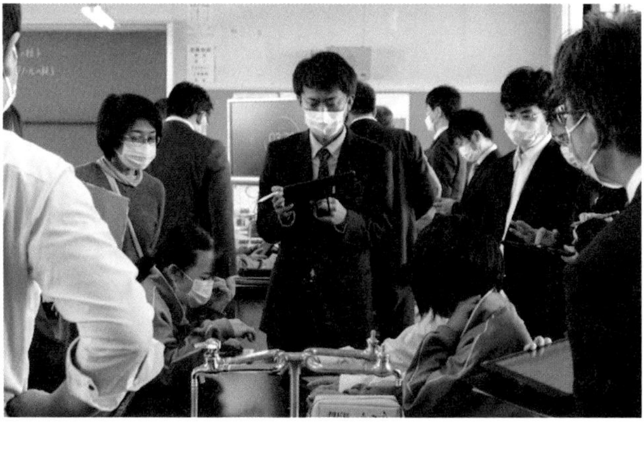

公開授業の様子。伊那市ではICTを活用した授業を積極的に公開している

CASE 3

推進リーダー育成とボトムアップの両輪で活用を推進

教員同士の会話の中でICT活用のきっかけを生み出す

埼玉県上尾市

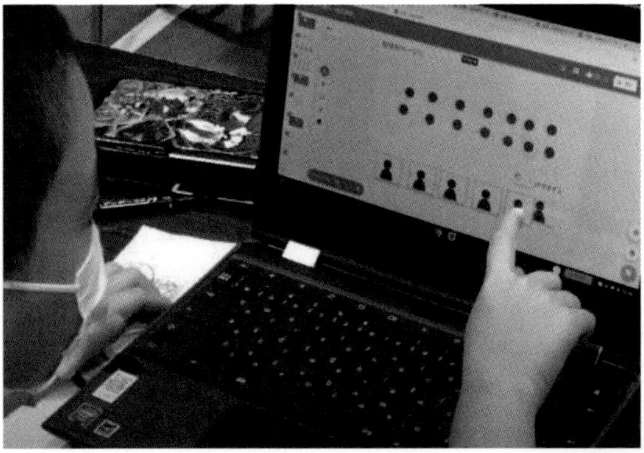

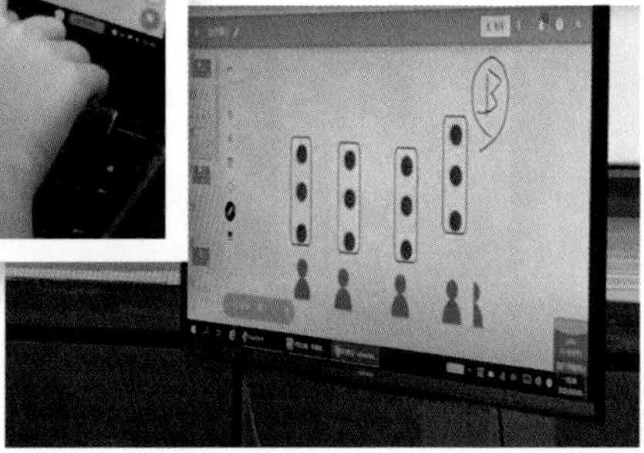

割り算の学習に自作教材とスクールタクトを活用

埼玉県上尾市の活用推進－3つのポイント－

1. 「学校ICT推進プロジェクト部会」における協議、ICT端末を活用した授業研究会などの実施を通して、市内全小・中学校における推進者となる教員を育成 ※1
2. レベル別の教員研修を実施。特に初任者、市外からの転入者、ICT活用に自信が持てない教員などへの参加を呼びかけボトムアップを強化
3. 「使うことを目的としない」ことを重視するなど、ICT端末の効果的な活用に向け、職員室の自然な授業談義の中でICT活用への興味を喚起

※1　なお、学校ICT推進プロジェクト部会には、向原分校の教員も参加しています。

埼玉県上尾市

埼玉県の南東部に位置する上尾市は、東京から約1時間の距離にある人口約22万人の住宅都市。市内には22の小学校と11の中学校があり、約1万6600人の児童生徒が学んでいる。「夢を育み 未来を創る 上尾の教育」を基本理念として掲げ、新しい時代の学びにふさわしい学校づくりを目指す。

現場でのICT活用推進は、リーダーとなる教員が必須

「**あげお 学びのイノベーション**」という3カ年計画の推進プランを掲げ、GIGAスクール構想をスタートさせた上尾市。同プランのもと、「触れる」「慣れる」「活用する」という3つのステップでICT活用を段階的に推進しています。同市教育委員会 学校教育部指導課 副主幹兼指導主事 濁川《にごりかわ》 究《きわむ》氏によると、現在は「慣れる」の段階を達成して「活用する」の段階へ移行し、ICT活用が全体的に広がってきたといいます。

そんな上尾市がICT活用推進において重視したのは、「推進リーダーの育成」「教員研修の充実」「管理職に対する理解促進」の3つだと濁川氏は話しています。「教育委員会が『こういった取り組みをしてください』と通知するだけでは活用は進みません。活用が進んでいる学校には、必ず現場にリーダーとなる教員がいるので、推進リーダーの育成をかなり重視しました」(濁川氏)。

あげお
学びのイノベーション
https://www.city.ageo.lg.jp/uploaded/attachment/92415.pdf

上尾市教育委員会
学校教育部指導課
副主幹兼指導主事
濁川《にごりかわ》 究《きわむ》氏

あげお 学びのイノベーション 推進プラン

令和5年度(今年度)
活用する
ステップ3 目標:児童生徒が日常的に活用

ICT端末の日常的な活用。デジタル・シティズンシップ教育の充実
- ICT端末の校内外における探究活動への積極的な活用
- メディアバランス研修会の実施
- 学校ICT支援員との連携

令和4年度
慣れる
ステップ2 目標:1日に2~3回活用

ICT端末の効果的な活用促進。情報モラル教育の充実
- ICT端末を活用した授業研究会の実施
- 情報モラル教育研修会の実施
- 学校ICT支援員の派遣
- クラウド活用の促進

令和3年度
触れる
ステップ1 目標:1日に1~2回活用

従来の授業手段の代替的活用(記録を残す、調べる)
- 情報教育推進者の育成
- ICT端末利用規定などの作成
- 「AGEO・オンライン・トライアル」の実施

具体的には、市内全34校の小中学校から教員1名ずつが委員として在籍する「**学校ICT推進プロジェクト部会**」を設置。現場でリーダーとして活用推進に取り組むほか、授業や校務におけるICT端末の効果的な活用の研究や、年4回のプロジェクト部会を通して情報共有などの役割を担っています。

また教員研修については、教員のICTスキルに合わせて受講できるようレベル別の講座を充実させたといいます。特に初級レベルに対しては、初任者、転任者、ICT活用に不慣れな教員など参加対象を明確に提示することで、多くの教員に対して参加を促し、ボトムアップにつながるよう図りました。管理職に対しては、「学びのイノベーションハンドブック」を作成し、目指す教育のビジョンや日常で取り組んでほしい活動などについて情報を共有。その中には34名の推進リーダーがまとめた「**効果的なICTの活用アイデアシート**」も収録し、具体的な授業での活用場面も管理職に伝えるようにして理解促進につなげています。

学校ICT推進プロジェクト部会
初年度は8名の教員で結成していたが、2年目から全34校の教員が参加するようになった。

効果的なICTの活用アイデアシート
「授業」「校務」「情報セキュリティ・情報モラル教育」「校内研修」の4つの項目に分けてICT活用を紹介。

教員同士の会話に溶け込ませる、授業におけるICT活用

学校ICT推進プロジェクト部会の委員の一人、上尾市立今泉小学校の佐々木雄亮教諭は校内での推進について、「ICTを活用してください」と呼びかけるのではなく、普段の授業の中で自然に使えるような広がり方を大切にしてきたといいます。

「声を大にして活用ばかりを進めても、『ICTがなくてもできる』と思われたら終わりで、活用は広がりません。それよりも、先生方がICTに対して、『これは便利だね』と有用感を持ってもらうことが大事だと考え、授業の話の延長線上でICTの話をするようにしていました」と佐々木教諭。例えば、スクールタクトの場合は、児童生徒の意見が一覧で見やすい、印刷しなくても課題を配布で

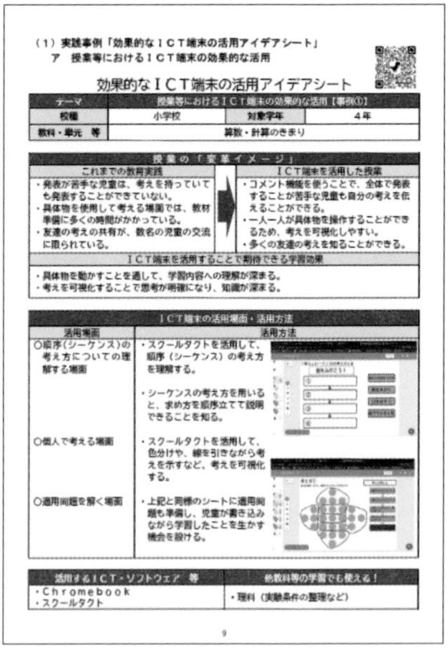

（1）実践事例「効果的なＩＣＴ端末の活用アイデアシート」
ア　授業等におけるＩＣＴ端末の効果的な活用

効果的なＩＣＴ端末の活用アイデアシート

テーマ	授業等におけるＩＣＴ端末の効果的な活用【事例①】		
校種	小学校	対象学年	４年
教科・単元　等	算数・計算のきまり		

授業の「変革イメージ」	
これまでの教育実践	ＩＣＴ端末を活用した授業
・発表が苦手な児童は、考えを持っていても発表することができていない。 ・具体物を使用して考える場面では、教材準備に多くの時間がかかっている。 ・友達の考えの共有が、数名の児童の交流に限られている。	・コメント機能を使うことで、全体で発表することが苦手な児童も自分の考えを伝えることができる。 ・一人一人が具体物を操作することができるため、考えを可視化しやすい。 ・多くの友達の考えを知ることができる。
ＩＣＴ端末を活用することで期待できる学習効果	
・具体物を動かすことを通して、学習内容への理解が深まる。 ・考えを可視化することで思考が明確になり、知識が深まる。	

ＩＣＴ端末の活用場面・活用方法	
活用場面	活用方法
○順序（シーケンス）の考え方についての理解する場面	・スクールタクトを活用して、順序（シーケンス）の考え方を理解する。 ・シーケンスの考え方を用いると、求め方を順序立てて説明できることを知る。
○個人で考える場面	・スクールタクトを活用して、色分けや、線を引きながら考えを示すなど、考えを可視化する。
○適用問題を解く場面	・上記と同様のシートに適用問題も準備し、児童が書き込みながら学習したことを生かす機会を設ける。

活用するＩＣＴ・ソフトウェア　等	他教科等の学習でも使える！
・Ｃｈｒｏｍｅｂｏｏｋ ・スクールタクト	・理科（実験条件の整理など）

9

効果的なICTの活用アイデアシート。学修指導案例も用意されており、授業での活用シーンや使ったツール、工夫ポイントを学年・教科ごとにまとめ、市内の教員にも共有している

きる、「たいへんよくできました」など評価に使えるスタンプがある、といったメリットを職員室で授業の話をしている際に伝えるようにすると、ほかの先生に興味を持ってもらいやすいといいます。

また授業でのICT活用についても、佐々木教諭が作成した教材をスクールタクトでほかの教員に共有して使ってもらう、といった負担の少ない方法で始められる活用を促しています。すると、それぞれの教員が自分の使いやすいように手を加えたり、新しいものを作ったりと活用が広がったというのです。「授業で使えるものをいくつか提示して、『これならできるかも』と自分で選んでもらったことが良かったと思います。また、ベテランの先生方が率先して試してくれたことも活用の広がりにつながりました」（佐々木教諭）。

上尾市立今泉小学校 / 学校ICT推進 プロジェクト部会の委員
佐々木雄亮 教諭

同じく学校ICT推進プロジェクト部会の委員で、上尾市立平方北小学校の情報主任 廣林達哉教諭は、校内で20分ほどのミニ研修や、月1回訪問するICT支援員と共に定期的に研修などを行っています。ICTに苦手意識がある教員に対しては活用を強要せず、研修内容についても、ノートをタブレット端末で撮影してスクールタクトで共有するといった、教職員のICTスキルや担当の学年に左右されずに活用できる内容を紹介しているといいます。廣林教諭は「スクールタクトで『全授業』を選択すると、ほかの先生の教材や授業内容が見られるので、少しでも活用している先生には『ここを工夫されたんですね』と励ましたり、『良かったら、私の教材も見てくださいね』と伝えたりするようにしています」と話しています。

上尾市立平方北小学校 / 学校ICT推進 プロジェクト部会の委員
廣林達哉 教諭

佐々木教諭と同様に、「活用してください」を強調するのではなく、日常の会話の中でICT活用の話題が自然に入っていくことを大切に進めています。

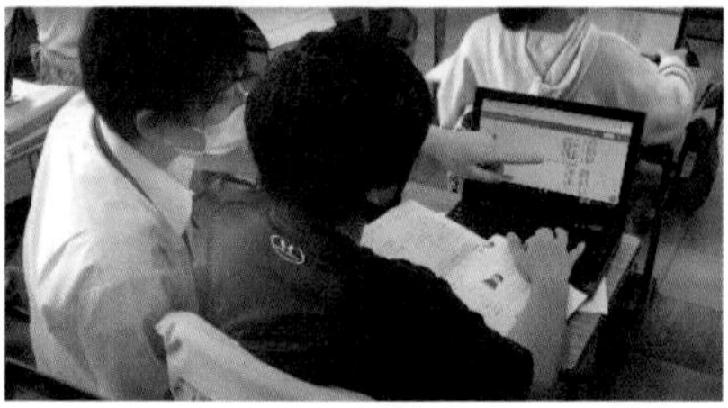

困り感がないことが課題。ICT活用の先にあるものを見せる

学校ICT推進プロジェクト部会は、上尾市全体のICT活用にも寄与しています。その1つが研究授業。管理職や市内の教員が実際にICTを活用した授業が見られるよう、機会を提供しています。佐々木教諭は小学3年生算数で「割り算」の授業を担当。自作したデジタル教材とスクールタクトを使用したところ、「低学年でもICTを使って授業をスムーズに行うことができる」とICTを使ったことがない教員から好評価を得たといいます。佐々木教諭は、「研究授業はICTを活用した授業の良さをじかに提案できる有意義な機会」と語っており、実際にどのような授業や活用場面を作ることができるのか、教員自身が目にする機会を設けることが有効だと考えています。

濁川氏は、ICTによって何ができるようになるのか、どのような授業が可能になるのか、最初に示すことが重要だと話しています。「学校現場でICT活用が浸透しない理由の1つは、困り感がないことです。ICTを使わなくても、紙で授業はできますし、不便に感じていない教員も多い。そのイメージを変えるためには、ICTを使うことで生まれる学びの可能性や目指すゴールを先に見せることが非常に大切で、研修でも今後力を入れていきたいと考えています」（濁川氏）

ICT活用で学びが広がる、子供の可能性を引き出すツールへ

ICT活用が「慣れる」段階から「活用する」へと変わりつつある上尾市。廣林教諭は、児童生徒がタブレット端末を文房具として使えるよう、教科によってデジタルとアナログを選べるように

しています。「教員が課題を提示した際、児童生徒が『これは共同編集をした方が早い』『ここは手書きしよう』というように、自分で考えてICTを解決の手段として使えるようになってほしい」と廣林教諭。そのため、短い休み時間は児童生徒が必要に応じてタブレット端末を使えるようにしています。実際、係活動でアンケートフォームを作成したり、ちょっとした調べものをしたりする児童生徒がいるほか、タブレット端末を使ってオリジナルのアニメ作品を作る児童生徒もいるといいます。廣林教諭は、「自分で解決したいことや表現したいことのためにタブレット端末を使う力が伸びてきました」と手応えを話しています。

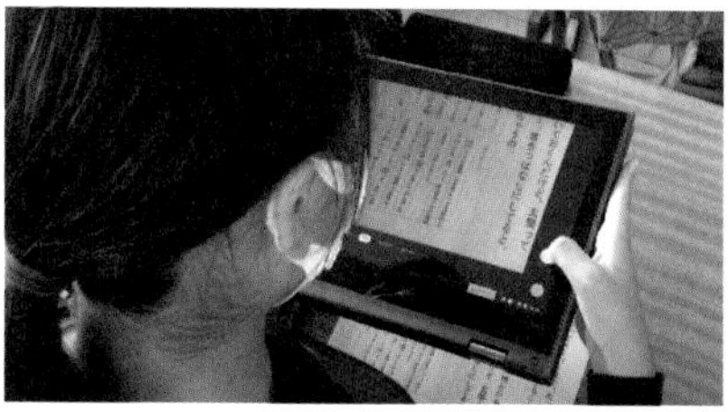

佐々木教諭はICTの活用によって特別な配慮が必要な児童生徒や、作文や記述に積極的ではなかった児童生徒の変化についてこう話しています。「タブレット端末を使えば、キーボードが打てなくても音声入力で自分の考えや思いを表現できます。物語を作る授業では、それまで作文が苦手だった児童生徒が音声入力を使うことでアウトプットが増え、教育効果を感じました」(佐々木教諭)。ICTによって学習の選択肢が広がり、主体的に学べる児童生徒が増えているようです。

一方で、上尾市の今後の課題として、ICT活用がさらに広がるにあたり、デジタル・シティズンシップ教育の充実が重要だと濁川氏は述べています。「情報モラルを指導するうえで、『○○をしてはいけない』と教えることは困難です。しかし、ICTは生活の一部となっているため、『その行為が自分の人生にどのように寄与するか』という捉え方を、教員も、児童生徒もしていく必要があります」と濁川氏。今後、「活用」に向けて取り組みをさらに進めていく上尾市。教員も、児童生徒も、ICT活用について考えながら使う機会が重要になりそうです。

Column

情報モラルから デジタル・シティズンシップへ

スマートフォンやタブレット端末が普及した現代社会において、児童生徒は幼少期からインターネット上の情報に触れたり、ゲームや動画などのさまざまなサービスを活用する機会が増えています。

これまで、小・中学校では、デジタル機器やインターネットの適切な利用方法について学ぶ情報モラル教育が実施されてきました。「生活のリズムを崩さないために、家庭でのスマートフォンの利用時間や動画視聴の時間を制限しよう」または「SNSは知らない人とつながる可能性があるため、利用は控えよう」などがその一例です。これらは、児童生徒が犯罪やトラブルに巻き込まれないように、デジタル機器やインターネットの利用を制限する考え方が基礎となっていました。

しかし、今日では、児童生徒がデジタル機器やインターネットを利用することは日常的な行為であり、その利用を制限する指導方法には限界が見えてきました。

デジタル・シティズンシップ教育は、この現状に対応する形で、児童生徒がデジタル機器やインターネットを適切に、そして効果的に活用するためのスキルを身に付けることを目指しています。「犯罪やトラブルに巻き込まれる可能性があるから児童生徒に使わせない」という従来の考え方ではなく、たとえ問題が起きたとしても、その失敗から学び、問題解決の手段を身に付けることが重視されています。1人1台端末が整備されてから、児童生徒はICT機器を活用して学ぶ機会が増え、学校現場ではデジタル・シティズンシップ教育の重要性が増しています。

それでは、デジタル・シティズンシップ教育では、具体的にどのようなことを学ぶのでしょうか？

日本デジタル・シティズンシップ教育研究会によると、①プライバシーのセキュリティー、②デジタル足跡とアイデンティティー、③メディアバランスとウェルビーイング、④対人関係とコミュニケーション、⑤ニュースとメディアリテラシー、⑥いじめ・もめ事・ヘイトスピーチ、という6つの領域が学習内容となっています。学年によって段階的に学びの内容が深まります。低学年では、「自分のパソコンとどう上手につきあうか?」といった身近な内容から始まり、3年生以降になると「責任ある発信ってどういうこと?」「ネットでのやりとり、どうすれば相手にうまく伝わる?」というように、社会との関わりが広がっていきます。中学生になると、「情報を編集・発信するときの責任って何だろう?」といった発展的な内容になります。

デジタル・シティズンシップ教育では、さまざまな活用場面で、児童生徒たちが自ら思考し、判断し、ICTを活用することを大切にしています。デジタル社会の「善き市民」になることを目指し、ネガティブな部分も理解しつつ、適切な行動や知識を身に付けていくことが目標となっています。

スクールタクトでは、教員を支援するためのコンテンツを活用ライブラリに公開しています。「情報モラル」に関する資料や、スクールタクト上でテキストを使ったコミュニケーションを取る際の注意点、タブレット端末を利用する上での注意事項などがまとめられています。

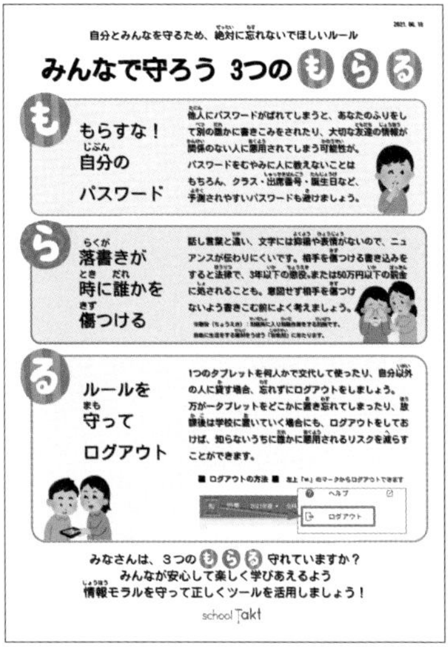
自分とみんなを守るため、絶対《ぜったい》に忘《わす》れないでほしいルール

みんなで守ろう 3つのもらる

も もらすな! 自分《じぶん》の パスワード

他人《たにん》にパスワードがばれてしまうと、あなたのふりをして別《べつ》の誰《だれ》かに書きこみをされたり、大切な友達《ともだち》の情報《じょうほう》が関係《かんけい》のない人に悪用《あくよう》されてしまう可能性《かのうせい》が。パスワードをむやみに人に教えないことはもちろん、クラス・出席番号《しゅっせきばんごう》・誕生日《たんじょうび》など、予測《よそく》されやすいパスワードも避《さ》けましょう。

ら 落書《らくが》きが 時《とき》に誰《だれ》かを 傷《きず》つける

話し言葉と違《ちが》い、文字には抑揚《よくよう》や表情《ひょうじょう》がないので、ニュアンスが伝わりにくいです。相手を傷《きず》つける書き込みをすると法律《ほうりつ》で、3年以下《いか》の懲役《ちょうえき》、または50万円以下《いか》の罰金《ばっきん》に処《しょ》されることも。意図せず相手を傷《きず》つけないよう書きこむ前によく考えましょう。

る ルールを 守《まも》って ログアウト

1つのタブレットを何人かで交代して使ったり、自分以外《いがい》の人に貸《か》す場合、忘《わす》れずにログアウトをしましょう。万が一タブレットをどこかに置《お》き忘《わす》れてしまったり、放課後《ほうかご》は学校に置《お》いていく場合にも、ログアウトをしておけば、知らないうちに誰《だれ》かに悪用《あくよう》されるリスクを減《へ》らすことができます。

■ ログアウトの方法 ■

ヘルプ

ログアウト

みなさんは、3つのもらる守れていますか?
みんなが安心して楽しく学びあえるよう
情報《じょうほう》モラルを守って正しくツールを活用しましょう!

school Takt

[児童生徒用]
みんなで守ろう 3つのもらる

[先生用]
情報モラルの守り方
~安全な学び合いの
場作り編~
bit.ly/3C6hoM4

[先生用]
情報モラルの守り方
~パスワード・
端末管理編~
bit.ly/43gty0Q

CASE 4

区内の小中学校88校でICT活用を推進する秘けつとは

管理職への働きかけと情報共有がポイント

大田区教育委員会

大田区教育委員会の皆さま。左から高橋勝行氏、溝口 翔氏、遠藤康弘氏、浅尾博之氏、茂呂美恵子氏、宮澤 尚氏

大田区教育委員会の活用推進
－3つのポイント－

1. 校長職を経験した元管理職を「ICT教育推進専門員」として配置。教育委員会と学校の接点を強化
2. 事例共有を目的としたWebサイトやICT通信を通して、情報発信・共有に注力
3. 全小中学校のICT活用率をスコア化し、管理職に通知。活用に対する認識を統一

東京都大田区

東京都の東南部に位置する大田区は、東京羽田国際空港を有する東京23区で最大の面積を持つ自治体。臨海部には京浜工業地帯があり工業都市として知られる一方、子育て支援制度も充実している。人口は約73万人。区内には小学校が60校、中学校は28校あり、約4万人の児童生徒が学んでいる。

学校をよく知る元管理職が ICT活用推進のキーパーソン

大田区は2020年に「**大田区教育ICT化推進計画**」を策定しました。ICT活用を通して、児童生徒の習熟度に応じた学習や、個別最適化された学びの保証、一人一人の力を最大限に引き出す教育の実現を目指しています。

そんな同区では、GIGAスクール構想で約4万台のChromebookを導入。大田区教育委員会 指導主事 宮澤 尚氏はここまでの取り組みを振り返り、「第1期のICT環境整備も完了し、『やってみる』という段階は過ぎました。今は協働的な学び、効果的なICT活用に向けた授業改善に力を入れており、本格的な活用を推進

大田区教育ICT化推進計画

2020年度から3年間のICT推進計画を示したもの。おおた教育ビジョンで目指す、情報活用能力の育成に対して、具体的なアクションプランを位置付けたものになる。2023年6月に第2期大田区教育ICT化推進計画が公開された。

するソフトウェアの拡充にも取り組んでいます」と述べています。

協働的な学びの実現に向けて、大田区ではスクールタクトの活用が進んでいるといいます。ICT環境整備を担う学校支援担当 係長の高橋勝行氏は、「スクールタクトは、現場の教員たちから使いやすいという声や、大田区に転入してきた教員からも『前任の学校でスクールタクトを使っていた』という声が届くなど好評でした。活用率も全体的に上がってきており、授業でも日常的に使われるようになってきました」と語っています。

大規模自治体の大田区において注目したい取り組みは、ICT活用推進のために独自の体制を築いていることです。なかでも特徴的なのは、区内小中学校で校長職を歴任した元管理職によるICT教育推進専門員。全体で3名を配置し、教員に指導面の助言をするほか、管理職にICT活用への理解や積極性を促す役割を担います。ICT教育推進専門員の一人、茂呂美恵子氏は「教育長から『ICTの技術屋になる必要はない。ICTを使っていかに学びを深められるか、活用場面の指導助言をしてほしい』という要望を受け、学校を回っています。

大田区は大きな自治体で教育委員会のビジョンや意向が管理職に浸透しづらいため、同じ立場を経験したわれわれが教育委員会と学校の間に入り、管理職の積極性や現場の活用を促すよう後押しをしています」とコメント。学校現場のICT活用を進めるためには管理職の理解が欠かせないといわれますが、同区では現場をよく知る元管理職が働きかける仕組みを作っているのです。

一方で、ICT活用を支えるバックアップ体制も充実させています。ICT支援員が各校を定期的に巡回するようにし、校内で**ミニ研修**を実施。また教育委員会には学校からの困り事や質問に対応する**ヘルプデスク**を設置。ハード面の整備・保守を担当する学校支援担当が常駐しています。同課の溝口 翔氏は、「ネットワークがつながりにくかったり、端末に不具合が発生したりすると授業が止まり、その後の活用率の低下につながるので迅速に対応できるように努めています。端末の扱い方などを児童生徒に指導するといった運用面の視点も大切ですが、整備の側面からできることはないか、いつも考えています」と話しています。

大田区教育委員会
事務局 教育総務部
指導課 指導主事
宮澤 尚氏

大田区教育委員会
教育総務部指導課
学校支援担当 係長
高橋勝行氏

大田区教育委員会
教育総務部指導課
ICT教育推進専門員
茂呂美恵子氏

ミニ研修
放課後などに教員が任意に集まって行う研修のこと。

ヘルプデスク
教育委員会に設けられた、学校におけるICT環境整備のトラブルや困り事に対応する窓口。

教員専用サイトやICT教育通信で、情報共有を積極的に

大田区では、全88校の小中学校に設けられたICT活用推進リーダーの教員を中心に現場での活用を推進しています。また区内の教員のみがアクセスできる「おおたICT教育センター」というWebサイトも公開し、各校から集めた授業事例を共有。ICT教育推進専門員の遠藤康弘氏によると、これまで掲載した事例は500件以上になり、教科や学年ごとに分けて公開しているそうです。

「各学校から集めた事例をICT教育推進専門員で精査し共有しているのですが、ユニークなのは、同じ単元で同じツールを使った授業でも、さまざまな扱い方があること。多くの事例を見比べながら授業を組み立てられるのが特長です」（遠藤氏）

またICT教育推進専門員が中心となり、教員向けに「ICT教育通信」「情報モラル通信」を定期発行し情報発信・共有に力を入れています。どちらもA4判1枚に内容をコンパクトにまとめ、「おおたICT教育センター」の事例集に**QRコード**で簡単にアクセスできる工夫も。ICT活用事例を紹介する動画コンテンツも公開しています。

大田区教育委員会
教育総務部指導課
学校支援担当
溝口 翔氏

大田区教育委員会
教育総務部指導課
ICT教育推進専門員
遠藤康弘氏

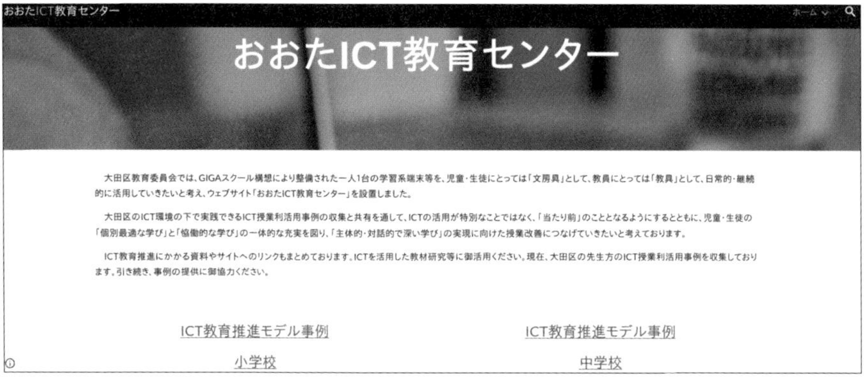

ICT教育を推進するための資料やICTを活用した授業事例などが紹介されている

「ICTを使っている」感覚ではなく、スコアで客観的に可視化

協働的な学びの実現に向けて、大田区では指導訪問に力を入れています。2022年度から指導訪問のテーマを「ICT活用」とし、ICT教育推進専門員も同行して実際の授業を見ながら指導助言をしています。茂呂氏は「拝見した授業については、個別指導で『こういう効果的な使い方がありますよ』『ほかの学校はこんな風に使っていますよ』と話をしています。その結果、ICT活用を自分事として考える教員が増えてきたように思います」と語っています。

QRコード
URLなど、多くの情報を埋め込める二次元バーコード。用途に応じてさまざまな大きさのコードを作成できる。スマートフォンのアプリを使うことで情報を読み取れる。

さらに大田区では、学校での利活用を底上げする施策として各校のICT活用率をスコア化し、自校がどれくらい活用しているのか客観的に見える化して管理職に通知しています。具体的には、スコア上の学校名はランダムのアルファベットで表記され、自分の学校の立ち位置のみが分かるという仕組み。これが、管理職への働きかけとしてかなり効果的だといいます。そのうえ、このスコアを向上させるための「ICT活用推進検討委員会」も年3回実施され、ボトムアップに取り組んでいます。

ICT教育推進専門員の浅尾博之氏は、「ICTを使っている」と話す管理職の中にも認識のズレがあるといいます。「『使っている』といっても、話を聞くと実際はそれほど使っていなかったり、特定の教員しか使っていなかったりするなど、使っている基準が管理職によって異なります。そのため数値で客観的に自校の立ち位置が分かるようにしています。一方で、われわれはICT活用を進めていますが、ICTを使えば授業がよくなるものではありません。先生方が何を教えたいのか、どういう場面で使うかが大事だと伝えています」(浅尾氏)。

大田区教育委員会
教育総務部指導課、
ICT教育推進専門員
浅尾博之氏

子供たちの意見をもとに授業を展開、主体的・協働的な学びへ

大田区では、ICT活用の成果として「PCやインターネットなどを活用して情報を収集して自分の考えをまとめたり、発表したり

教員向けに配布する「ICT教育通信」。A4判1枚にまとめてデジタルでも配信。事例のQRコードを掲載

することができる」という指標を設け、毎年児童生徒にアンケートによる調査を行っています。その結果、同調査の開始時（2018年度）は、約38.5%の小学6年生が「できる」と答えていたのに対し、2022年度には52.1%にまで上昇。この結果に対し茂呂氏は、「こうした数字は、主体的・協働的な問題解決の授業を進めていかない限り上がりません。若い教員だけでなく、校内研修などを通してすぐれた授業観や指導技術を持った40代・50代教員の活用が進んだことが要因の1つと考えられます」と述べています。

また浅尾氏は「これまで中学校では特に、知識を注入する授業になりやすい傾向がありましたが、スクールタクトの活用でお互いの考えを共有し合うことで、自然と次の学びが生まれる様子を目にする機会が多くなりました」と変わってきた授業について言及。遠藤氏も同様に「**ワードクラウド**などで児童生徒の考えが分かると、次の展開が変わるんですよね。少数意見を取り上げて児童生徒に還元するといった授業をする先生が増えてきたと思

ワードクラウド
スクールタクトの機能の1つ。文章中に使われてるキーワードを一覧で表示できる。使われている回数が多いほど、そのキーワードが大きく表示される。

います」と話しています。

　今後の大田区について宮澤氏は、情報モラル教育や教育データ利活用などにも取り組みたいといいます。「今は動きながら変わり続けていく時期。変化のスピードは速く、計画を立てるそばから様変わりしていきます。そんな状況でも、より協働的な学びを目指すための授業改善という視点を明確に保ちながら、授業そのものを変えていくために必要なことをやっていきたいと思います」と宮澤氏。児童生徒の情報モラルの育成や教育データ利活用もそうした取り組みの1つとして進めていく考えです。

CASE 5

教科を超えた教員チームで学校全体の取り組みへ

ICT活用で主体的・協働的な学びの授業改善を目指す

さいたま市立浦和南高等学校

スクールタクトを活用した授業の様子

さいたま市立浦和南高校の活用＆推進
－3つのポイント－

1. 教科に関係なく教員が関わる「ICTワーキンググループ」を結成。教科の壁を超えた活用へ
2. 最初のつまずきを減らすために「最低限やってほしいこと」を明確化
3. 授業改善のためのICT活用として、教員自身が有用性を感じることを重視

さいたま市立浦和南高等学校

さいたま市に4校ある市立高校の1つで、「文武自考」を教育理念に掲げる進学重視型単位制高校。部活動も盛んで、グローバル人材育成プログラムや探究プログラムなど特色ある教育活動を実施。2021年度の新入生から1人1台端末も導入し、ICTを取り入れた先進的な学習に取り組んでいる。

教科を超えた教員グループを結成、学校全体の取り組みへ

さいたま市立浦和南高等学校（以下、浦和南高校）が、ICT活用に本格的に取り組み始めたのはコロナ禍の臨時休校がきっかけでした。当時は、生徒が登校できない中「何とかして生徒とつながりたい」「授業を行いたい」と校長先生をはじめ、全職員が考えていました。幸いにして、全教室のプロジェクターを用意できたので、教務部と相談し「HRを手始めに、**オンライン授業**を実施しよう」となりました。学校としてツールを1つにするために研修会を行い、Zoomによる授業の一斉配信を始めました。それまで授業でICTを利用していなかった教員も生徒の授業のためということで、ICT利用の教材研究を懸命に行いました。そうした中、浦和南高校はICT活用を学校全体の取り組みへと変えていくために、2020年、教員による「ICTワーキンググループ」を結成。翌2021年度の新入生から**BYAD**形式で1人1台端末の導入も決まり、ICT活用推進の体制を強化したのです。

当時の様子について同校の西本義人教頭は、「ワーキンググループのメンバーを情報科や理数系教科の教員に限定せず、国語科や社会科などの教員にも入ってもらい学校全体で取り組むようにしたことが、結果として、その後のICT活用推進につながったと考えています。また高校も主体的・対話的で深い学びが求められており、ICT活用はどの教員にとっても必要。主体的・協働的な学びを行うためには、生徒同士が互いの考えを見せ合ったり、ノートを共有したりする環境が必要で、スクールタクトは授業改善のツールとして有効でした」と語りました。

オンライン授業
コロナ禍においては、すべての授業で欠席者のためにオンライン授業が行われた。

BYAD
BYADとは「Bring Your Assigned Device」の略語。自治体や学校が指定するパソコンやタブレットなどを保護者が購入すること。

さいたま市立
浦和南高校
西本義人 教頭

丁寧な導入と準備で、教員の最初のつまずきを回避

浦和南高校では現在、多数のアプリケーションを学校生活や学習に使用しており、教員らによる自主勉強会や実践共有なども行われています。スクールタクトもその1つで、課題配布や提出

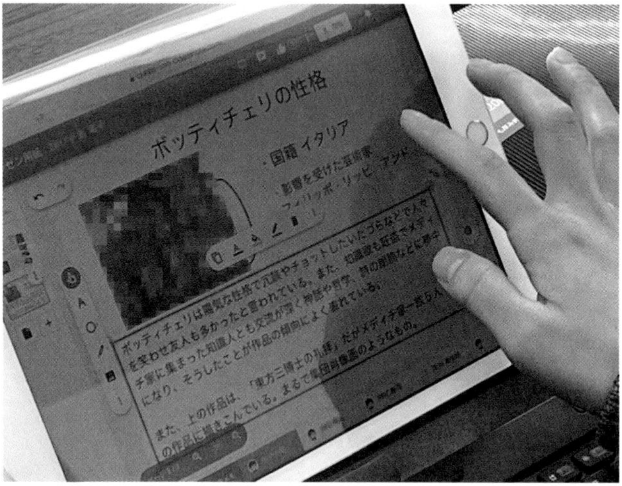

浦和南高校ではスクールタクトのほか、iPadで「Word」「Excel」「PowerPoint」「スタディサプリ」といったアプリ、さらには電子辞書や連絡ツールも使えるようにしている

物の回収、授業のアンケートのほか、数学では小テスト、国語では小論文の要約、理科では振り返りの記入など、さまざまな学習場面で使われています。

同校でスクールタクトの活用が進んだ1つの要因は、導入前の教員研修と入念な準備が挙げられます。当時、ICTワーキンググループのメンバーでスクールタクトの導入に関わった山口裕子教諭の話によると、導入前に実施した教員研修は計4回。「ICTに対する教員のスキルは異なるので、導入までに実際に触ってもらうことを重視しました」と山口教諭。その際に注意したことは、初めてスクールタクトを触る教員たちが「もう嫌だ」と思わないようにすること。そこで山口教諭は、「スクールタクトの基本操作」や「つまずきやすいポイント」「最低限やってほしいこと」「動画リンク集」などの情報をまとめて教員たちに配布。スクールタクトで何ができるようになればいいか、分からないときはどこを見ればいいか、すぐに把握できるようにしたのです。

「そもそも、スクールタクトは**FAQ**が充実していて、サイトには解説動画もあるので、分からないときはそれを見れば済みます。しかし、多くの教員は必要な情報へたどり着くことが難しい。そのため、どのような情報がどこにあるのか、教員がすぐに分かる資料を用意しました。また過去の経験から、教員の質問は『この

さいたま市立
浦和南高校
山口裕子 教諭

FAQ
FAQは、「Frequently Asked Questions」の略語。「よく聞かれる質問」という意味がある。機能やサービスなどに関して多く寄せられる質問とその回答をまとめたもの。

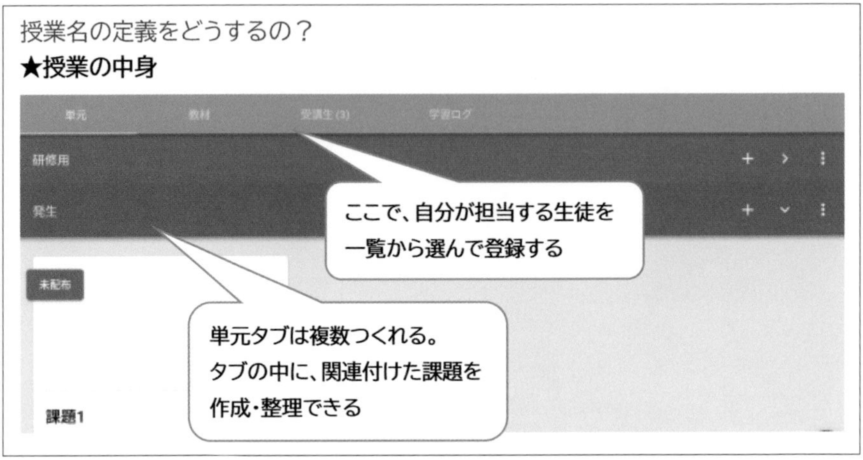

山口教諭が作成した資料の一部。すべてデジタルの資料で、校内システム経由で配布された

ボタンを押したら何が出てくるのか』『こうなったとき、どうすれば元に戻るのか』といった内容が多く、入り口でつまずきやすいことを感じていましたので、そうしたポイントをまとめたQ&A集も作成しました」と山口教諭。最初のつまずきを減らし、分からないときの対処法を示したことが、多くの教員の活用につながりました。結果として、どの教員も「授業枠を作る」「授業で生徒に資料を配る」という授業で必要な操作ができる状態で導入年度をスタートできたといいます。

一方で浦和南高校では教員同士の交流も多く、ICT活用について分からないことを聞いたり、教え合ったりしていたことも活用推進の要因に挙げられます。「授業でやりたいことがあるけれど、どうすればいい?」と気軽に聞けるような雰囲気であったことも日常のICT活用につながったようです。

ICTは、深い学びにつながる授業改善のツール

さいたま市立
浦和南高校
圷《あくつ》 眞美子 教諭

数学を担当する圷《あくつ》眞美子教諭は、「ICTがあまり得意ではない」と話しつつも、効率的にテンポよく授業が進められるのはICTのメリットと語っており、授業改善に生かしています。最初は、少し

使うのが面倒と思ったスクールタクトについても、「実際やってみるとそうでもない。慣れてしまえば授業準備も速くできます。最初からあまり構え過ぎない方がいいかも」と語っています。

そんな圷教諭は、スクールタクトで生徒の書いている内容をリアルタイムに確認し、個別指導や全体共有に生かしているといいます。「数学では、計算だけで解答を完成させるのではなく、記述として書いてほしいことがあるのですが、それをきちんと書いているかどうか、リアルタイムで生徒の解答を見ながら授業中に声かけができるようになりました」(圷教諭)。ほかにも、単元ごとの振り返りでスクールタクトを活用し、生徒が行った授業振り返りチェックシートをその場で確認。まとめ方がうまい生徒のシートを全体に共有するなど、生徒の意見や考えを取り上げやすくなっているといいます。

一方で、紙に書く方が好きな生徒もいるため、授業では、生徒が選べるようにしていると圷教諭。同じ課題でも、キーボードや**Apple Pencil**を使って取り組む生徒もいれば、ルーズリーフに手書きした解答をカメラで写して提出する生徒がいるなど、やり方はさまざま。生徒が自由に選択できる環境を大切にしています。

Apple Pencil
アップルが開発しているiPad専用のデジタルペン。傾きや圧力などをセンサーで感知するのが特徴。iPadの画面をなぞって手書きの文字を書いたり、イラストを描き込んだりすることができる。

圷教諭はさらに、ペーパーレス化による授業の効率化や教員の働き方改革にも言及。教員がプリントの印刷時間を削減できるだけでなく、生徒にとってもプリントを紛失してしまう心配がなく、タブレットに学習履歴として残せて後から見返せるのがいいといいます。

山口教諭は受け持ちの理科の授業で紙のプリントに比べて、スクールタクトの方が生徒の書く分量が増えたといいます。「書き直しや下書きが簡単にできるようになり、生徒が思考プロセスを残しやすくなりました。学習を深めることにつながっていると感じますし、実際、生徒たちは記述式の問題もしっかり書けるようになってきたと思います」と山口教諭は手応えを語ってくれました。

教育委員会との連携も重要。
現場の要望をすくい上げて風通しの良い組織へ

このように、学校全体の取り組みとしてICT活用を進めてきた

浦和南高校。山口教諭は、同校で取り組みが進んだ理由の1つとして教員のICTに対する「有用感」を挙げています。「まずは私たち自身がICTを便利だと思えるかどうか。これが重要で、そして、校務での活用などを通して、教員全体にその有用感が浸透していくことも大事です。本校では、多くの教員がコロナ禍のオンライン授業を通して有用感を持てたことや、環境を問わず双方向の協働的な学びを実現できることが全体の活用に広がりました」と山口教諭。

ルネサンスについてプレゼンテーションの準備をする生徒たち

西本教頭は公立高校のICT活用は経済的な支援や環境整備も必要になるため、教育委員会との連携が重要だと語っています。実際、浦和南高校では当初、ネットワークがつながりにくいと現場の教員から声が上がり、教育委員会に改善要望を出して2021年度にWi-Fi環境を強化しました。西本教頭は「幸い、さいたま市は市立高校が4校しかなく、教育委員会と密にコミュニケーションを取りながら環境整備を進められました。重要なのは、現場の教員の声を管理職が小まめにすくい上げること。そうした風通しの良い雰囲気をつくることも重要です」と述べています。

西本教頭は浦和南高校のICT教育について、**デジタル・シティズンシップ**教育と、対面でしか得られない学習活動が大切だと述べています。1人1台端末で情報が簡単に手に入るようになった今、レポート作成の際に不正行為はないか、生徒たちのICT活用に道徳的な過ちはないかなど、新たな課題も出てきました。生徒自身が適切な判断で使えるようデジタル・シティズンシップ教育を行うと同時に、教員の見取りも伸ばしていくことが大切だといいます。「ICTは便利な使い方ができる反面、危険を伴うものという認識を忘れず、人と人との温かさを持った教育のためにICTを活用するという考えも大切です」と西本教頭。どんなにICT活用が進もうとも、教育は人づくりであることを忘れてはいけないと語っています。

デジタル・シティズンシップ
ICTを適切に利用するスキルやICTを問題解決に役立てる能力を向上させるための考え方。デジタル社会で安全や責任を意識して行動する力が求められる。

第3章

主体的で対話的な学びはなぜ必要か

ー未来の学校に向けた座談会ー

ICT活用の先にある、
目指すべき教育の姿とはどのようなものでしょうか。
この章では、
これからの学校のあり方や子どもたちの学び方、
教員の役割や求められていることについて
有識者や現場の教員の声を座談会形式でお届けします。
ICT活用において大切なこと、考えておきたいこと
学びを変えるために、今、何が必要なのか、
教育の未来に焦点を当てながら
明日からの教室をつくるヒントを探っていきましょう。

何のためのICT活用なのか、目指す教育は何か

主体的な学びをつくるために、学校や教員に求められている変化

写真左から、哲学者／教育学者・熊本大学大学院教育学研究科准教授 苫野一徳氏。コードタクト代表取締役 後藤正樹氏。一般社団法人School Transformation Networking代表理事・元杉並区教育委員会の山口裕也氏

ICTの活用が広がり、学びの変化が求められている学校現場。
教員はICT活用を通して、どのような教育を目指していくべきでしょうか。
哲学者、行政経験者、スクールタクトの開発者、
立場の異なる3者でこれからの教育について語ってもらいました。

ICT活用によって学びが良くなるとはどういうことか。押さえておきたい大切なこととは？

―― GIGAスクール構想から3年が過ぎ、学校現場におけるICT活用も広がってきました。現状をどのように見ているのか、また全体的にICT活用を通して学びは良くなっているのでしょうか。ご意見をお聞かせください。

後藤[1]:僕はGIGAスクール構想のような大きな変化は、もっと後に来ると思っていたのですが、それが2020年代に起きたことはうれしい変化でした。これでようやく学びのあり方が変わるきっかけができたなと。スクールタクトの活用でいうと、GIGAスクール構想以降、使ってくださる方がかなり増えましたね。使う場面も一斉授業だけでなく、探究学習や協働学習など多様な使い方が増えてきました。スクールタクトの一番の特徴である、リアルタイムに児童生徒の状況が分かるという良さを理解してくださる方が増え、「これなら児童生徒同士で学び合いができるかもしれない」と思っていただいているようです。こうした教員の気付きが児童生徒主体

1 ―― 後藤正樹氏。株式会社コードタクト代表取締役。早稲田大学教育学研究科博士課程満期退学、洗足学園大学指揮研究所を卒業。大手予備校にて物理科講師、教育系企業でのCTOを経て現職。株式会社スタディラボ取締役、また、デジタル庁にて非常勤国家公務員として教育のデジタル化を進める。

コードタクト代表取締役
後藤正樹氏

の授業に変わっていくきっかけになっているのではないかと思っています。

苫野[2]:スクールタクト、私も授業で使っています。大学の授業では、前半では教育の哲学的な本質から最新情報まで、知識・情報のシャワーを学生たちには浴びてもらっています。大量の本を読んだり、動画を見たりして、学生たちは考えたことなどをスクールタクトに書き出していくんです。それをみんなで読み合って、対話やディスカッションをしたりしています。後半は、前半で学び取ったことをベースに、チームや個人でさまざまなプロジェクトに取り組んでいきます。自分たちでテーマや問いを立て、文献を読むのはもちろん、全国の素晴らしい実践をされている学校に視察に行ったり、先生方などにインタビューをしたりして。120人くらい学生がいますが、お互いのプロジェクトの進捗具合をシェアするときにも、スクールタクトはすごく役に立ちました。探究学習には、とても使いやすいツールだと思っています。

後藤:ありがとうございます。似たような使い方として、愛知県岡崎市でも4人で1チームを作り、学び合いができているかどうかをお互いに確認しながら学習されている事例があり

哲学者・教育学者、
熊本大学大学院教育学研究科准教授
苫野一徳氏

2──苫野一徳氏。哲学者・教育学者、熊本大学大学院教育学研究科准教授。博士(教育学)。早稲田大学教育学部卒業。同大学院教育学研究科博士課程修了。専攻は哲学・教育学。経済産業省「産業構造審議会」委員、熊本市教育委員のほか、全国の多くの自治体・学校などのアドバイザーを歴任。

一般社団法人School Transformation Networking
代表理事・元杉並区教育委員会主任研究員
山口裕也氏

ます。一般的にチームで学習を行う場合、教室で4人が席を移動して1つのチームになることがこれまでのやり方だと思いますが、スクールタクトなら誰がどこの席にいても、もっといえば空間すら違っても、児童生徒は学び合いができますよね。お互いの考え方を共有することによって学び合う、こういう学びができるようになってきたのは良い方向だと思います。

山口[3]:そうですね、私もGIGAスクール構想でICT活用が進んだことは良かったと思います。でも、これからは、学びの質に特にこだわっていきたいですね。例えば、学びの個別化。ICTは、児童生徒一人一人に自分の興味や関心、得意を生かし苦手を補うような学び方をこれまで以上に選択可能にするわけですが、そもそも、その選択の機会を教員は十分に与えているでしょうか。教員が指示した通りの方法やペースで学ばなければならないとしたら、そのことでみんなと共に学び成長する機会を逸してしまう児童生徒はたくさんいます。けれど、もう一方では、教員の労力や負担もしっかり考えなければならないですよね。個別化した全員の学習状況をどう見取るのか、一人一人に合わせた支援や指導をどう行うの

3 ── 山口裕也氏。一般社団法人School Transformation Networking代表理事・元杉並区教育委員会主任研究員。主な研究領域は心理学、教育学、哲学。博士課程在学中の2005(平成17)年から研究員として杉並区教育委員会に在籍、東京学芸大学非常勤講師や杉並区教育委員会主を経て、現在は独立研究者として活動。

か。今の例は学びの方法面の話ですが、学びの内容面も含めてその質にこだわりつつ、児童生徒と教員の両方の視点からICTの活用を考えることが大事だなと思います。

苫野:おっしゃる通りですね。哲学者の立場からいえば、どんな学びのあり方も、そもそも何のために学校教育があるのかをベースに考えなければなりません。それは「みんなが自由に生きるために、つまり生きたいように生きられる力を確実に育むため」です。それから同時に、「自由の相互承認[4]の感度を育むため」でもあります。また、公教育の政策は「一般福祉」にかなうものでなければ正当性を持ちません。つまり、「自由」「自由の相互承認」「一般福祉」という3つの大きな原理があるわけです。これら3つの原理をベースに、私たちは、どのような学びのあり方が良いのか、その際に必要なツールは何か、といったことを考えていく必要があります。この構造を、私たちは決して見失ってはいけません。ICTやテクノロジーの進化によって、「こんなことができるようになったから、こんな学びもできるかもしれない」という考え方も重要ですが、そのときも、それは一体何のためか、本当に「良い」といえるのか、という哲学原理を、必ず底に敷いておく必要があるんですね。私自身は、「自由」「自由の相互承認」「一般福祉」のためには、「学びの個別化・協同化・プロジェクト化の融合」へと「学びの構造転換」をしていく必要があるとずっ

4 ──「すべての人が対等に自由な存在であることをお互いに認め合う。そのことをルールにした社会」という考え。哲学者の竹田青嗣がヘーゲルの「相互承認」の原理を表現し直したもの。

「学びの個別化・協同化・プロジェクト化の融合」とは

2014年に苫野氏が提唱した教育理論。「学びの個別化」は、みなが同じことを、同じペースで、同じようなやり方で学ぶのではなく、人それぞれ、興味・関心や学びのペースなどが異なることを前提にした学び。「学びの協同化」は、多様な子どもたちが、時に学年や世代を超えて、必要に応じて「ゆるやかな協同性」に支えられながら学び合うこと。「学びのプロジェクト化」は、自分たちの没頭できるテーマにおいて、自分たちで問いを立て、自分たちなりの答えにたどり着く「探究」型の学びをカリキュラムの中核にすること。

といってきました。ICTは、そのための強力なツールになると考えています。

後藤：そうですね。何のためにICTを活用するのか、どのような学びを目指してICTを活用するのか、それを考えるのがとても重要だと思います。今回、僕が苫野先生と山口さんにお話を聞きたかったのは、そういう部分を深めたかったという意図もあって。僕はスクールタクトという「方法」を提供する立場ですが、苫野先生の専門である「教育哲学」と山口さんが教育委員会で実践されてきた「理論」を聞くことで、良い学びをつくるためにできることを考えていきたいと思っています。

教育の変化に戸惑う学校現場 少しずつの経験で、やっと大きな一歩が踏み出せる

山口：私の肌感覚なので一般化には留保が必要ですが、学校現場を見ていると、教育やそれを取り巻く環境の変化に大きく戸惑っている教員の中には、実は、私たちと同世代の30代後半から40代の人が結構いるなという気がしています。もちろん、年配の教員も不慣れさが障壁になることはありますが、そこさえ越えてしまえば学びの質をしっかり考えてICTを活用している人も多い。若手は経験の不足がいい方向に影響することもあって、自由と自由の相互承認の実質化に不可欠な児童生徒が自分で・自分たちで学ぶ学習者主体の授業への転換なども、結構すんなりいくことが多いな、と。そういう全体感の中で、ということです。

後藤：確かに、ICTを使わない教員は年配の方が多いように思っていましたが、必ずしもそうではないんですね。

山口：私は、よく「学習者主体と教員の後追いはワンセット」だといっています。学びの質を確保するためには、児童生徒の自分なり・自分たちなりの学びを後から追うように支えたり共に考えたりする必要があって、それが「後伸び」にもつな

がる。教員の大事な役割です。でも、アンラーニング[5]はなかなか難しくて、自分が小・中学生などのときも教員になった後も「教員主体で一斉・一律に確実に教えきる」というような環境で育った人は、それ以外の選択肢があることすら知らない人もいる。だから、児童生徒を先に立たせることが難しいんですよね。不安や怖さも相まって。

苫野:「信頼して、任せて、待って、支える」。これが教育の基本中の基本だといつもいっていますが、カリキュラムも時間割もあらかじめ決められている今の学校では、その基本を大事にするのがなかなか難しいんですよね。「教員が主体になって確実に教えきる」スタイルが、今のシステムにはどうしても親和的になってしまう。

山口:私の経験だと、こうした教員が一歩を踏み出すために大事なことは、やっぱり、自分で体験してみることなんですよね。実感を伴って「できるかもしれない」と思えないと、なかなか進めない。もちろん、原理や理論を知って「ICTはこう使うべきだ」と道筋を立てて自分の実践を変えられる人もいますし、多くの授業事例を見ることで「自分にもできるかもしれない」と始める人もいます。ただ、それがマジョリティーではない。特に学習者主体の学びは、自分でおっかなびっくりやってみて、「意外と手を離しても大丈夫」という経験を少しずつ重ねて、やっと、大きな一歩が踏み出せるようになる人が多いかな、と。ちなみに、日常を変える必然性や困り感の低さも一因にはなるはずで、極端にいえば、自分の授業で指示が全く通らない、とか、全く統率が取れない、とか、そういう状況にならないと、どうしても忙しさが先行してしまって、じっくり指導や学びの質について振り返る機会を持ちにくいこともあるかなと思います。

苫野:私のゼミの卒業生ですが、今は熊本市で「学びの個別化・協同化・プロジェクト化の融合」を実践している小学校の教員がいます。ゼミ生とは、毎年、イエナプラン[6]など国内外の実践を視察に行っているのですが、彼はそのときに、「見ちゃった、知っちゃった」という名言を残しました。見てしまった、知ってしまった、できると分かってしまった。そうである

5—これまでの価値観や知識を見直し、新しいものを取り入れること。

6—ドイツ生まれオランダ育ちといわれる教育で、異年齢のグループでクラスを編成し、一人一人を尊重しながら自律と共生を育む教育。

以上、もう元には戻れないと。ただ、彼の場合は多くの実践事例を見ることでその確信を得ることができたわけですが、今、山口さんがいわれたように、ただ見るだけでは一歩を踏み出せないことが多いのも事実です。あと、イエナプランにせよ自由進度学習[7]にせよ、実際に見ても、そこで何が起こっているのか理解できないという場合も多いです。ある程度の知識やリテラシーを得てからでないと、見ても良さが分からないことがあるんですよね。

山口:全くそうですね。知識がないと見方が働かない、つまり、「見えない」。そういう意味で教職課程はやはり大事ですよね。そこで、オルタナティブな学びや教育のあり方、可能性、選択肢があることを知るのと知らないのでは、後が大違い。自分の原体験だけで教員になり、そこから15年、20年とそのまま過ごしてしまうのは、ある意味、とても不幸だなと思います。

後藤:例えば大正自由教育[8]とか、戦後の生活単元学習[9]とか、教育の歴史を勉強していると「それ、ICTがある今だったらもっと良くなるよね」という気付きがありそうですけどね。

山口:大正自由教育、戦後の新教育、平成の個性伸長[10]と数えると、2017年告示の学習指導要領は、単純労働者の育成と国民の形成を一斉・一律に図ろうと始まった近代の学校教育制度に対する四度目の大きな挑戦になります。今回は、結構、大きく変化するのではないかという期待を持っています。

苫野:そのために何より大事なことは、やはり「何のための教育か」「何のための学校か」という哲学的な本質論を必ず底に敷くことです。これまでの3回の改革の試みは、結局、その本質に十分立ち戻れなかった問題があったと私は考えています。大正自由教育は、それまでの公教育へのアンチテーゼという側面が強かったですし、戦後の教育改革も、軍国主義教育へのアンチテーゼという面が強かった。だから種々のゆり戻しがあった。平成になって「総合的な学習の時間」などが始まっていくのも、やはり時代の流れによるところが大きかった。もちろん、いずれの改革においても本質を考えた人たちはたくさんいたけれど、最後の最後、時代の流れの中で翻弄されてしまったという面がやはり強かった。だから

7 —— 授業の進度を子供が自ら自由に決めることができる学習法。

8 —— 大正期において欧米で活発化していた新教育が日本にも輸入された。それまでの画一的な教育スタイルから、子供の関心や感動を中心に、より自由で生き生きとした教育体験の創造を目指した教育。

9 —— 第二次世界大戦に敗北した日本がアメリカによる「日本の学校教育の民主化」の方針を受け採用した教育方法。児童生徒の生活経験によって基礎づけたひとまとまりの学習活動。

10 —— 平成時代に重視された、自分の良さを生かし、自分らしさを発揮しながら調和な理解のとれた自己を形成していく教育。

こそ今回は、「何のための教育か」を何よりも大事にし、そこから議論を積み上げていく必要がある。そうじゃないと、結局、はやりで終わってしまいます。

対話することを仕組みにし、目指す教育について考え続ける体制を作る

――児童生徒の主体性を引き出すためにICTは有効だと考えていいでしょうか。児童生徒主体の授業をつくるために、ICTはどのような役割を担うのでしょうか。

苫野:私は長野県の伊那小学校[11]からいつも多くを学んでいるのですが、昨年伴走させてもらった6年生は、4年生のときから「石窯パン作り」に取り組んでいました。自分たちで石

11――伊那市立伊那小学校は、ユニークな総合学習を実施していることで教育関係者の注目を集めている学校。学級単位で探究的なテーマに取り組み、動物の飼育などは有名。通知表や時間割、チャイムもなく、総合学習を中心に教科学習を進めている。

窯を作り、6年生にもなるとプロ並みの天然酵母のパンを焼くんです。訪問するたびに、育てている酵母のことや、石窯の輻射熱のことなどを教えてもらって、本当にすごい子供たちです。で、びっくりしたのが、数年前まではICTはあまり活用されていなかったと思うのですが、GIGA以降、子供たちが、タブレットでお互いのグループの情報共有などをどんどんやっていて、探究活動が相互触発を通していっそう活性化しているように見えたことでした。ただ一方で、それって、そもそも子供たち自身が探究活動に没頭しているというのが先にあってのことだと思うんです。ICTはその際のあくまでも1つのツール。その意味で、「ICTで児童生徒の主体性を引き出す」といういい方が妥当なのかどうか、正直、疑問に思っているところはあります。

山口:お話を聞いていていくつか思い浮かべたキーワードがあって、1つは「未知」、もう1つは「偶有性」です。学びや教育は、「計画通りにやったらうまくいった」というケースは少ないじゃないですか。むしろ、未知や偶有、途中で偶発的に生じたことが学びをどんどん豊かにしていく。だから、私がICTの使い方で最も懸念していることは、ディスプレイの先の、しかも現在の技術水準だと視覚と聴覚だけの狭い世界に一人自分の身体が閉じていくことなんですよね。例えば、自分はカメラが趣味の1つで、光学式の、つまりガラスのファインダーが好きなんですが、それは、目を凝らして見てみると、世界には自分が思っているよりもはるかに複雑でいろいろなことが起きていることに気付くからなんです。その感覚に目覚めると、カメラを持っていなくても、例えば桜の花を見るだけで花びら一つ一つの形の違いから大きさ、色、水分の浸透度まで意識に立ち現れてきたり。道具を使うこと、技術を使うことが、身体、ひいては自分の存在を、自然はもちろん、社会や他者も含めた未知で偶有の世界に開いていく。そういう使い方をしてほしいなと思うんですよね。

苫野:それはとても大事ですよね。下手をすると、ICTが児童生徒たちの管理ツールとして使われかねない。そこは本気で考えないとまずいと思います。

後藤:それは、僕も感じています。急速に学校教育にICTが導入されて、管理的にICTを使うのか、自主的にICTを使うのか、今がその分起点だと感じています。一例ですが、学校でタブレット端末を使った時間を計るとか、家で宿題をやった時間を計るとか、そんな方向性の議論が増えてきている気がします。
苫野:確かに、そんな話はよく見聞きしますね。ICTを管理的な発想で使うのではなく、まさに、偶有性を大事にした学び合いや探究を、支えたり活性化したりするために活用する。それが大事な考え方ですね。
山口:分かります。そして、その発想を、日常の中で、なじみのある道具を使って、いかに自然に促していけるかが大事なんですよね。杉並区でやった例ですと、「学習指導案」に関する実践がありますね。「教員がどう授業を行うか」という視点が重視されるこの媒体の名称を「学習展開案」に変えて、内容も、キーワード的にいえば「可能性」と「記録」の混合体にしてみました。具体的には、授業が始まる前は、学習者が展開するであろう学びや探究の可能性をできるだけ記述し、できる限りの準備をしつつ、実際に時間を進めていくほどその記録を加筆していくというものです。そして、そうした実践を促すための教育委員会のサポートも、個別最適で行う。

慎重な教員に対しては、1単位時間に1つでもいいから、児童生徒一人一人が学びの選択肢を持てるような機会を作ってみましょうと助言したり。教員にも一斉・一律の達成やロードマップを強要しないことが大事かな、と。

苫野:先生方のマインドセットのアップデートのためには、もう1つ、学校文化がとても重要です。これまで多くの学校とご一緒してきましたが、確信を持って「あぁ、これは良い学校だな」と感じる学校には、例外なく対話の文化と仕組みがありました。逆に、あまり良い学校ではないなと思う学校には、例外なくそれがないんですね。しかし、日本全国を見たときに、対話の文化や仕組みが本当に意識的に作られている学校がどれくらいあるかというと、残念ながらほとんどない。これはとても大きな問題です。

山口:確かに。ちなみに対話は、考える機会があってこそのものでもありますよね。これも杉並区での例ですけれど、特色ある学校づくりの予算額を、校長先生が中心になって行うプレゼンテーションに基づいて学校別に査定する仕組みがあります。予算は一般的に均等配分が多いと思いますが、そもそも学校や地域によってやりたいことや必要なことは違う。だから、自分たちで考えて提案してもらう。こうした機会が設定されると、教職員はもちろん保護者や地域の関係者など、みんなで対話する文化が学校に根付いていきます。対話を通して自分なり・自分たちなりに考えることの意味と価値、とりわけ「楽しさ」や「喜び」は、AI時代の今、何より大切したいと思っていますし、実際、ここ15年ほどの教育政策でもすごく大事にしてきたことなんですよね。

内省と対話を豊かにするICT活用へ

後藤:僕も教員同士の対話が重要だと思います。本来は教員同士が、実はどうしたいのか、望ましい姿はどんなものか、課題は何かを共有していくといろいろな視点が出てきて、「みんなでそれを解決していこう」という流れになっていきます。ですから最近は、スクールタクトを「内省と対話ができるシステム」と伝えています。今の学びは、教科書の内容を学ばなければならず、定期的にテストがある。そこには「内省と対話」が組み込まれていないのが問題だと思っています。

苫野:「内省と対話ができるシステム」としてのICT。すごくいいですね。他方で、多くの学校では、ICTを、業務にしても、場合によっては考えることそのものについてさえ、効率化のため、省エネのため、という発想で使っていることが多いよう

に思うのですが……。

後藤:同感です。ICTを省エネとして捉えるのは危険です。例えば個別最適でいうと、すぐAIドリルが思い付きますよね。難易度の調整なども管理側の機能となるため、児童生徒に「問題が難しいから要素に分解して考えよう」といった発想が身に付かないのではないかと思います。もちろん、ICTを活用していく最初の段階として有用な部分もあると思いますし、学力も伸びるかもしれませんが、いわゆる非認知能力のことも含めた学力が本当に伸びるかは疑問があります。

山口:それが先ほどいっていた、自由と自由の相互承認のためにはどういう力が必要かという点ですね。

苫野:そうですね。ChatGPT[12]などの生成AIが教育界を含め社会に衝撃を与えていますが、だからこそ、われわれが自由になるための力とは一体何なのか、改めて根本から考える必要がありますね。その点、対話と内省の能力というのは、本質的だと思います。自由になるための力として、いつまでもブレないものなのではないかな。

山口:自由や自由の相互承認の感度を育もうと思ったときに、これからの学校教育が最低限保障しなければいけない底板になるのは、「一人一人が自分らしく学んだり生活したりすることを妨げられない」ということだと考えています。例えば、「らしさ」の代表格であるパーソナリティ特性、その筆頭因子ともいえる外向性/内向性。私たちは、どこか無自覚のうちに「外向的であること=良いこと」と思っていないでしょうか。でも、内向にも「思索家」といったとても良い側面がある。そうやって考えていくと、全ての児童生徒にはその子しか持っていない良さ=らしさがあるとの考えに至るから、それを伸ばすことができる教育を第一に考えたい。得意や好きを伸ばすことに注力した方が、結果的に苦手や嫌いも補償されて全体的な能力の伸びも高くなるということは脳科学の知見などからもある程度いえることだし、こういう「一人一人の違い」から出発する教育でこそデータも活用したいですよね。

後藤:データの活用でいえば、いろいろなEdTech[13]のアプリケーションはスタディログ[14]として記録できます。ですから、

12—アメリカのOpenAI社が開発した、人間のように自然な会話ができる人工知能(AI)チャットサービス。

13—EdTech(エドテック)は、Education(教育)とTechnology(技術)を掛け合わせた造語。テクノロジーを用いて教育を支援する仕組みやサービス。

14—デジタル化された学びの記録。

教員も定点観測が可能になり、それを見ながら児童生徒に対応できますし、対応自体がうまくいっているかどうかプロセスを見ることができます。コードタクト社内でも教育工学や教育心理学の研究をするメンバーで構成された教育総研を組織していて、スクールタクトのスタディログを活用し学級経営のサポートにつながる実証研究などを行っています。先ほど、外向性の話がありましたが、スタディログにもそれが出てきます。例えば、今の学校では手を挙げて発言することが得意な外向性のある児童生徒の方が優位で、ゆっくり考えればきちんと物事をいえるけれど、瞬発力がない児童生徒は不利です。でもスクールタクトのように、文章でコメントを書くと、内向的な児童生徒や言語に優位な児童生徒が輝ける場所があって、スタディログを見ると明らかにそれが分かるんです。普段学校ではおとなしいけど、スクールタクト上ではいろいろな人にコメントをして励ましたり応援したりしている児童生徒も見えます。互いに承認し合える1つの武器として、ICTやスクールタクトを生かしてほしいと思いますね。

ICT活用と同時に、教育観、授業観を変える必要がある

苫野:教育学部の学生にもよく話すのですが、授業は教員が作るものだと思っている人が本当に多い。そうではなく、授業は子供たちと一緒に作るものです。その発想になると、ICTの使い方も変わってきます。ICTを意識しすぎるとその枠の中で考えがちですが、そうではなく、一緒に授業を作るツールとして使うという発想をベースにすることが大切ですよね。

山口:そうですね。関連して、最近、学級の荒れが再び増えてきている印象がありますが、その原因・要因をひも解いてみると、子供たちの多様さや家庭教育におけるその開放・個性の伸長と、ある種、その反動としての学校の管理的な体

質が悪い方向で相互に作用しているケースも多いな、と。でも、むしろある程度自由にした方が、結果として統率可能性が高まる。教員が多様な児童生徒に対してマイクロマネジメント的に関わると、そこに収まらない子供が必ず出てきて、結果、学級の統率可能性を下げてしまう。学級が荒れてくると臨時保護者会が開かれたりするわけですが、たいていの場合「問題は3点です。1つ目、自由な行動。2つ目、立ち歩き。3つ目、おしゃべり」といったように説明されますよね。でも、公教育の本質や正当性の原理に照らせば、この3つは、むしろこれからの学びや教育の基本にすべき考え方であるはずです。自分の得意を生かし苦手を補えるような学び方や生活の仕方をできるという意味で「自由」に。必要なときに、必要な仲間と協力できるという意味での「立ち歩き」。対話を通してみんな学びや生活を創っていくという意味で「おしゃべり」。ICTの活用も、こうした考え方に基づいて考えていかなければならない。

苫野:よくいわれることですが、教師の教育観や授業観が変わらないと、ICTも古い発想のまま活用してしまうんですよね。でも、一方で、ICTがわれわれの教育観や子供観、授業観を変える可能性も持っている。私はよく、学校を「多様性がごちゃ混ぜのラーニングセンター」にしていこう、といっているんですが、これは、今の学校は同質性が高すぎるからです。同じ年齢の人たちだけからなるコミュニティで学び続ける必然性は、これからますますなくなっていきます。そんなとき、ICTはこの「ごちゃ混ぜのラーニングセンター」を作る強力なツールになります。例えば、私は「苫野一徳オンラインゼミ」を主催しているのですが、下は小学生から上は定年退職後の方まで、老若男女、国内外問わず、多くの方が参加されていて、本当に多様な方たちがZoomに集まり

対話しながら学び合っています。ここで起こるダイナミックな学びはとても面白くて、「こんな学びの場があり得るんだ」と経験したら、学校での学びをアップデートしようとますます思えるんじゃないかと思います。

山口：教員自身が学び手になってみる経験がとても大事だということですね。

苫野：福島県大熊町に、「学び舎ゆめの森」という公立の学校があります。今度、新校舎が完成するのですが、そこには、幼保小中があり、市民向けのライブラリーがあり、教員の研修センターや大学のサテライト機関なんかもあるんです。まさにごちゃ混ぜのラーニングセンターです。大熊町は原発事故で避難区域になった地域で、この学校を、もう一度町の大事な拠点にしようとしているんですね。こういう場では、年齢や世代さえ超えて、いろいろな人たちが一緒に学び合う姿がきっと数多く見られると思います。例えば、ずっと介護を受けている高齢者と、ずっと勉強させられている子供たちは、どちらも、常に受け身でいさせられているなんて共通点がある。でもそれだと、自分らしくいられる感覚がある意味で奪われてしまうんですね。でも多様性がもっとごちゃ混ぜになれば、高齢者も子供も、お互いをケアしたり支え合ったり学び合ったりして、自分の存在意義がより実感できる機会が爆発的に増えるんです。そういう学びの場やアイデアを実現するために何が必要なのかという発想をしていきたいですね。

山口：公教育は、各人の自由と各人間の相互承認関係とともに、その総体である社会の創造を一般福祉に基づいて担う側面があるわけですよね。日本の地域社会は、とりわけ戦後の高度経済成長の陰で空洞化してしまっていて、それが現在の孤立や孤独の問題にもつながっている。多様性がごちゃ混ぜのラーニングセンターは、まさに教育が社会を厚くしていく仕組みですよね。底の抜けた社会に底板をはめつつ市民社会をよりいっそう成熟させるためにも、異質な人たちが自然と交流する場所としての学校建築、ひいては都市空間などの設計は、とても大事だな、と。

明日からできることは何か

——今回のお話の最後に、明日からできることは何かありますでしょうか。

後藤:スクールタクトでいうなら、教員だけが全員の回答を見られるモードと、児童生徒たちが回答を共同閲覧できるモード、児童生徒たちがお互いの回答に入って共同編集できるモードの3種類があるのですが、活用データを見ると教員が共同閲覧や共同編集をオフにしている場合が多いです。だから、児童生徒の主体的な学びや教員の授業観を変えるためにも、いったん、児童生徒の共同閲覧をオンにすることを試してほしいと思っています。そこから見えてくることがあるかもしれません。もちろん、何が起こるか分からない怖さがあると思いますが、勇気を出してもらいたいです。学校は安心・安全な状態で失敗できる場所ですから、失敗させることも学びの1つと考えて、共同閲覧をオンにしてほしいですね。
山口:私はやっぱり、児童生徒に「どうしたい?」と問うてほしいなと思います。これに続いて「どう?」と「どうだった?」もセットで。この問いかけには学習者主体の学びや生活者主体の学校づくりを実現するといった側面もありますが、いずれにせよ、そういったことの始まりには全て児童生徒一人一人の思いや願いをありのままに受け止めることがあります。だからまず「こうしなさい」の前に、「どうしたい?」と聞いてみてほしい。あとは、「今日の授業どうだった?」と、隣の先生に話しかけることでしょうか。自分たちの学校には対話の文化があるかどうか、その対話の中心に「学び」が置かれているかを振り返ってみてほしいなと思います。そこからいろいろなことが始まるので。
苫野:最近、教育学部生に、大学で学んだ授業を全て忘れても、これだけは覚えておいてほしいと伝えていることがあります。学校現場に出て行ったときに、「あれ、これって何のためなんでしたっけ?」を口癖にしてもらいたい、と。「何のためでしたっけ?」と過去形にすることが結構大事で、つまり「もともとあったよね、思い出そうよ」という姿勢なんです。若いときこそ、「何のため?」と問う文化をみんなが率先して作ってほしいといっています。本質的な実践ができる現場を作るには、やはり対話しかないんです。対話がないと、おかしいなと思ったことがあっても、誰にも何もいえないという自縄自縛に陥ってしまう。でも対話があれば、「こういうことをやってみたいんですが、どう思いますか?」と問い合える。対話のやり方も常に「何のため」に立ち戻ることが大切で、「これって何のためにやっているんだっけ?」「私たちはどういう学校を目指していきたいんだろう?」と常に意識する。そうすると、例えば、「子供たちが自立していける、また、お互いを尊重できる学校にしていきたい」といった言葉がきっと見つかるはずです。そんな対話を、まずは先生たちが自分たちで率先して重ねていく文化を作る。そうすれば、子供たちや保護者ともそんな対話が日常的にできるようになる。そんな学校を目指して、日常の対話を大切にしてほしいと思います。

鼎談2

教育者3名が語るICTとつくる明日からの教室
個別最適な学びを実現する、これからの教育に必要なこと

蓑手章吾《みのてしょうご》氏

オルタナティブ・スクール・HILLOCK初等部 スクールディレクター（校長）。公立小学校、特別支援学校の教員として14年間勤務、研究主任や教務主任を勤めた。

鳥生浩紀《とりうひろき》氏

近畿大学附属広島高等学校・中学校 福山校 数学科教員。中高一貫校で、2020年度より1人1台端末を活用。Google認定トレーナー。

有賀祥子氏

長野県伊那市立手良小学校 教員10年目。東京都の公立小学校に3年勤務し、その後、地元の長野県に戻って教員を継続。2021年に育休より復帰。スクールタクト認定マスター。

ICTがもたらす学びの変化は、児童生徒の可能性や学びの選択肢を広げます。
ICTを活用して新たな教育のあり方や学び方に挑戦する3名の先生に、
これからの学校の存在や教員の役割、
個別最適な学びについて語ってもらいました。

ICT活用を通して見えてきた子供たちの可能性と教員の役割の変化

―― ICTを活用し、1人1台端末で学ぶことが当たり前になってきましたが、先生方の授業はどのように変わってきましたか？

鳥生（近畿大学附属広島高等学校・中学校 福山校[1]）：授業のスタイルが大きく変わったこととして、一昨年、高2数学で教員が一方的に説明する一斉授業をやめました。その代わり、授業の始めに教員が学習範囲を指示して、残りの時間は生徒がスクールタクトで課題に取り組み、分からないところは互いに教え合う、そんな授業を1学期間、続けてみました。

蓑手（HILLOCK初等部[2]）：いいですね。その後、どうなりましたか？

鳥生：実は、定期試験の結果が今まで教員が説明していた一斉授業のころと比べてあまり変わらなかったんです。そこで、2学期はどのような授業スタイルで受けたいかと生徒にアンケートを採ったところ、「教員が教える一斉授業がいい」という生徒と、「お互いに教え合う授業がいい」という生徒でそれぞれ回答が半々になるという興味深い結果になりました。それを受けて、授業の前半は私がポイントを説明し、後半は生徒同士で教え合う授業に変更したのですが、これがとてもうまくいったんですね。生徒たちは私が説明した内容を同じように友達に話すのですが、生徒同士の方が分からない部分を聞きやすいし、説明する言葉も目線が同じだから分かりやすい。スクールタクトで解答を共有しながら書き込んだり、見せ合ったり、とても活発に話す姿を見て、生徒たちが互いに教え合って理解しようとするのっていいなと改めて感じました。もちろん、こうした授業を行えるのも、ICTで授業を効率化し、活動時間を確保できていることが大きいと感じています。学習進度も遅れることなく授業を変えることができましたから。

有賀（長野県伊那市立手良小学校[3]）：そうですね。ICTを使う

1 ―広島県福山市にある私立中高一貫校。ICTを活用した教育活動に力を入れており、グローバル社会を生き抜く力の育成を目指す。2020年度からiPadによる1人1台環境を導入。

2 ―東京都世田谷区にあるオルタナティブ・スクール。自由進度学習と探究学習に重きを置き、ワイルド＆アカデミックな環境で、子供が主体的に学びを選びとる福利（Well-Being）を広げていく学校。異年齢のコミュニティで学び合う。

3 ―長野県伊那市にある全児童100人くらいの小さな小学校。伊那市はGIGAスクール構想前からICT教育に力を入れてきた自治体。

生徒たちが問題を教え合いながら学習(近畿大学附属広島高等学校・中学校 福山校)

と授業を効率化できるメリットはすごく感じますね。私は育休から復帰したら1人1台端末が導入されていたという感じで、その変化に最初は驚きました。でも、さまざまなバックグラウンドの児童が集まる公立学校では、ICTがあることで学びが広がることを実感しています。登校することが難しい児童と教室をオンラインでつなぐことによって、クラスの児童と会話しながら授業を受けられるようになりました。学習で使うツールもPages[4]やKeynote[5]、iMovie[6]などいろいろなアプリを使えるようにしておくことで、児童が自分のやりたい方法を選んで学ぶようになり、意欲的になってきたと思いますね。

蓑手:いい話ですね。HILLOCK初等部でも子供たちが家からiPadやChromebookなど好きな端末を持ってきて学習をしています。本校は自由進度学習[7]を取り入れているのでICTの利用頻度はすごく高いんですね。数学が大好きな小

4── Appleが提供するmacOS/iOS用の文書作成アプリ。

5── Appleが提供するmacOS/iOS用のプレゼンテーションアプリ。

6── Appleが提供するmacOS/iOS用の動画編集アプリ。

学2年の子が高校の数学を勉強していることもあれば、韓国人のお父さんともっと話せるようになりたいと韓国語を勉強している子供もいます。だから、私に質問を持ってこられても答えられないことも多くて(笑)。ICTがあることで、子供たちは自分でどんどん情報を集めながら学びを進めることができるんです。

ICTは知的好奇心を刺激するツール

蓑手:そんな学び方を見ていると、やはり、ICTを活用するメリットは、子供の知的好奇心を高められることだと強く感じます。今まで子供にとって知識は「大人から与えてもらうもの」だったけれど、今はネット上に膨大な情報があって、子供たちもICT環境さえあれば、自分の好きなことを好きなだけ学べて大人の知識量に到達できる。こうした環境を生かして、学習意欲を刺激しながら学べることが、子供の権利としても当たり前になってきたと思うんですね。

鳥生:同じことを感じます。1人1台端末が使えるようになって、生徒が情報を手に入れやすくなったことはとても大きな変化です。一方で、「ChatGPT[8]」の登場によって、生徒たちはこれから「AIをどう活用するのか」というスキルが求められていくと思いますが、知識が簡単に手に入る時代だからこそ、私は「専門性」を大事にしてほしいと思っています。専門性は「好き」から生まれるもので、生徒には「何か好きなことを1つ見つけて、それを追究するために学校生活を送ってね」と話しているんですよ。

有賀:そうですよね。私も似たようなことを感じることがあって。宿題の内容を自由に決めていいよと子供たちに投げたら、AIドリルに取り組む子、中学校で習う漢字に挑戦する子、料理や歌に取り組む子などがいて、とても意欲的に学習していたんです。そのときに「子供のやりたいことって、

子供たちが端末を使って取り組む自由進度学習の風景(HILLOCK初等部)

7—授業の進度を子供が自ら自由に決めることができる学習法。具体的には、最初の10分に簡単なミニレッスンを行い、その後は自主学習や学び合いの時間。残りの10分で学習の振り返りを行う。学習の目標も教材も自分で選べることがポイント。

8—アメリカのOpen AI社が開発した、人間のように自然な会話ができる人工知能(AI)チャットサービス。

こんなにも学校の外にあったんだ」と気付きました。と同時に、自分が今までどれだけ制限してきたかを反省しましたね。普段の授業も、今まで子供が教員のペースに合わせて学んでいたんだなと思って、教員がもっと子供に任せることが大事だと思いました。でも一方で、教員はすべてを知っていないといけないと思われていて、そこが難しい……。

蓑手:それ、すごく同意なんですよ。「手を放したい」と思っていても、「教員はすべてを知っていなくてはいけない」という先入観を捨てることは難しいですよね。これ、ICT活用でも同じことで、「自分が全部を知らないから生徒に教えられない、だから使わない」という教員がいます。でも、ICTのこと全部知るのって不可能じゃないですか。こうした教員のマインドにICT活用が進まない原因があるんじゃないかなと思いますね。

有賀:分かります。私も最初のころは、「教員は何でも答えられなければダメ」だと思っていました。授業の準備もしっかりして、自分が作った流れで授業を進めるべきだと思っていましたが、今は子供たちに「分からない」といえるようになり、気持ちがすごく楽になりました。ICTに関しても知識量でいえば、子供の方が豊富だなと思うことも多々あるので、今は一緒に学び合うことができて、とても楽しいです。

鳥生:私も普段、生徒から使い方を教わる機会が多いですよ。「これはどうやって出したの？」「先生、こうやったらできるよ」といった気さくなやりとりも増えて、教科の授業にも良い影響を与えてくれるといいなと思っています。あと、教員歴が長いほど「間違えたくない」「失敗したくない」という気持ちも強くなりますね。教員って、子供が失敗しないように先回りするじゃないですか？　でもそれって結局、教員自身が失敗したくないからなんですよね。

蓑手:やっぱり僕らの中に「学校とは？」「授業とは？」「先生とは？」という固定概念が強く残っているんだと思います。有賀先生のように、「知らないことがあってもいい」という「ノーガードの強さ」を知ってからが、ICT活用の本番かもしれませんね。

iPadを活用したグループ活動（伊那市立手良小学校）

個別最適な学びとICT
相乗効果を高めるために大切にしたいもの

――ICTの活用を通して、今までの学びが変わってきたことが伝わってきました。一方で児童生徒に見られる変化はどのようなものがありますか？

有賀：さっきの鳥生先生の取り組みと似ているのですが、私の授業でも最初に大事なポイントを説明して、その後に子供たちがインターネットで好きな発展問題を探して自由に取り組めるようにしています。その結果、学力調査の結果が1年前に比べると飛躍的に良くなったんです。ICTがすべての要因ではないと思うのですが、やっぱり、自分で問題を選べることや、自分でやりたいと思って取り組む方が学力として定着しやすいのかなと思っています。今までは私が「この問題解いて」「このプリントやって」といっていましたが、それだと知的好奇心が刺激されなかったのかもしれません。あとは、子供たちがスクールタクトに自分で問題を作ることも取り入れていて、その問題を友達と解き合うことで友達との交流が生まれ、意欲的に学習に取り組むようになりました。

蓑手:学習内容を児童生徒に自由に決めさせるというと、中にはサボる子供がいたり、うまく進められない子供もいたりで懸念する方もいると思いますが、結果的に一斉授業よりも学力は伸びやすいと思います。一斉授業では、どこかでつまずいてしまうと、そこから先に進めなくなってしまう恐れがあります。例えば、かけ算ができないと、「速さ×時間＝道のり」の答えは出せない。でも個別で学べると、ICTを使って自分に合ったレベルの問題を解くことができますからね。

鳥生:自分のペースで学習できるのが、ICTならではの良いところですよね。あとは、教員の指導方法も大事ですね。これは中高生でよくあることですが、生徒に「好きな問題を自由に解いていいよ」といったときに成績や競争が関係すると話が変わってきます。極端な例ですが、「1問解くごとに1点」といわれたら、簡単な問題を選びたくなるじゃないですか。自分で学習内容を決めるということは、「自分のために学習するんだ」という意識を持たせることも大事ですよね。

三角関数の単元でGarageBandを使い、ノイズキャンセルの効果を作る（近畿大学附属広島高等学校・中学校 福山校）

養手:そうですね、コンピューターゲームと同じですよね。「簡単」「普通」「難しい」のレベル設定をするとき、上手な子は「簡単」を選ばないと思うんです。でも、「クリアした数だけ100円がもらえる」っていうルールにしたら、「簡単」を選ぶのかなって。目的が「成長」ではなく「獲得」に変わってしまったら、コストパフォーマンスが良い方を選ぶのは当然だと思います。

鳥生:ただ、このような個別学習は評価する側も難しいですよね。特に高校は観点別評価が始まり[9]、小中学校と違ってそうした評価を行う土台がないので、個別学習でどう評価をすればいいか、困っている学校もあると思います。

養手:そうですね。僕自身はICTをうまく使うことによって、一人一人への見取りの精度が上がっていると感じます。特にスクールタクトを使うと、子供たちの学習状況がリアルタイムで分かるので、どこでつまずいて、何を考えてどうしたのか、実際に見ることに加えて画面上で多角的に分かるようになります。あとは、子供同士がリアルタイムで共有できるのも、お互いが何を考えているのか分かるし、友達への理解が高まるのがいいですね。友達は何が得意で、何に困っているのか、どんな考えを持っているのか、こういうことが分かり合えると協働もやりやすくなる。子供同士でアドバイスしたり、助け合ったりする姿もよく見ますよ。

9──高校では2022年度の学習指導要領改訂に伴い、観点別評価が導入された。

iPadを片手に自ら協力して学ぶ児童たち(伊那市立手良小学校)

有賀:私の場合、個別最適な学習の中でICTのメリットを感じたのは、学習が苦手な児童と向き合う時間がすごく増えたことなんです。今まで私がやっていた個別最適な学習は、いろいろな問題のプリントを用意することができることの上限で、準備も大変でしたが、今はデジタルドリルなどを使って、その子に合わせた問題を教員の負担なく提供できます。それによって、自分でできる子供はどんどん学びを進められるし、学習が苦手で「何をやればいいのか分からない」という子供も「まずは足し算だけ頑張ろうか!」といって一緒に取り組める、こうした時間をICTで確保できたのは大きな変化ですね。

蓑手:その辺は圧倒的にICTの強みですよね。学校にはいろんな子供がいて、それぞれ違う強みや弱みがあるじゃないですか。僕は、子供たちがコミュニケーション力やネガティブ・ケイパビリティ[10]といった非認知的な能力を伸ばすためには、ベストなタイミングで適切なフィードバックを与えることが大事だと考えています。「今のすごく良かったよ、もっとこうするといいよ」といったアドバイスをその場でかけてあげないと、子供にも響かない。そういう意味では、学校の中にICTが入ってきて、ようやくその部分を先生が伸ばしてあげられる環境が整ってきたと考えています。

10――答えのない事態に耐える力。事実や理由を性急に求めず、不思議さや不確実さの中にとどまることができる能力のこと。発展的な深い理解のために必要な力だといわれている。

好きなことが見つからない 児童生徒の興味・関心を広げることが課題

―― ICT活用で課題に感じていることはありますか?

鳥生:ICTを使うことで生徒が情報にアクセスしやすく、知的好奇心を刺激できるという話をしましたが、逆に「好きなことが見つけられない」という生徒もいます。特に、高校では探究学習が入ってきて[11]、好きなことや興味・関心のあることを生徒に見つけさせる難しさを感じています。生徒に「好きなことを調べていいよ」と投げかけると、「先生、僕たちはこの分野について詳しくないから、好きにやっていいといわれても何も考えられないよ」っていうんですよね。進路の面談をしていても「無理」ってふたをしてしまい、自分の将来とやりたいことがイメージできない生徒もいます。さらに生徒たちの興味・関心を広げていくことが課題だと感じています。

有賀:小学生でも、学年が上がってくると、自分を客観的に見るようになるのか、次第にそういうことがいえなくなってくる子供がいますよ。

蓑手:そういう状況もこれから変えていきたいですよね。好きなことって、本当に何でもよくて、大事なのは「きっかけをつかむ力」。少しでも興味を持ったら、それをどう膨らませるか、鳥生先生が最初にいわれたような専門性につなげるためには、好きなことから何かの価値を生んだり、誰かの役に立ったりとか、そういう経験ができる環境が大事で、これからの学校の役割になっていくのではないかと思います。

鳥生:そうですね、そのためにも新しいことや生徒たちが好きなことを見つけられる時間を取り入れていきたいのですが、今の学校や先生には、そんな余力がないのが課題ですね(一同深くうなずく)。個別最適な学びが大事といいつつ、大学入試の試験科目は増えていて、生徒たちがやらなきゃいけないことがいっぱいですから。教員が新しいことを学ぶ余裕がない悪循環に陥っています。

有賀:小学校も同じですよ。探究的な学びをするためには時間も足りないですし、何か新しい活動を取り入れたくても、いざやろうとすると縛りが多いのも課題です。カリキュラムマネジメントをして時間を生み出すことが理想ですが、その

11――高校では、2022年度の学習指導要領改訂から「総合的な探究の時間」が新たに科目として加わった。

ための教材研究の時間がなかなか確保できない現実があります。

これから目指したい教育

蓑手:これからの教育が目指すところは、やはり、個別最適な学びを追求していくことだと思います。みんなが同じものに興味を持つのではなく、それぞれが自分の好きなものを探して、それを膨らませながら価値を生み出したり、さらに好きなものに出会ったり、そんな試行錯誤が学校でたくさんできる教育を目指したいですね。そのためには、ICTの活用が必須です。教員一人で何十人の子供の好きなことに対応するのは難しいですし、一人一人の探究的な学びを見取るためにはICTを利用していくことが助けになると思います。

鳥生:高校の場合は、探究的な学びを充実させていきたいと思う反面、大学入試が重くのしかかってきて、変わることの

スクールタクトのワードクラウドの機能を用いて意見共有(伊那市立手良小学校)

難しさを感じます。特に大学入学共通テストが大きく変わって、文系も理系も文章を読ませる問題が増えたのですが、数学が抜群にできる生徒の中には、問題文を読むことが困難な生徒も少なくありません。そういう生徒たちは本来、こうした試験がなければもっと「数学が好き」を追求できたはずなのに、試験によって諦めてしまい、道が閉ざされてしまうこともあります。もちろん、読む問題を増やす文科省の方針も分かるのですが、試験によって、生徒たちが自分の好きなことや得意なことを諦めなくてもいいように、そんな教育も残していきたいと思っています。

有賀:公立小学校は、さまざまなバックグラウンドの子供が集まる場所です。まずは児童全員にとって学校が楽しい場所であること、これを目指していきたいと思っています。個別最適な学びにも取り組んでいきますが、子供たちの中で、できる子、できない子、勝つ子、負ける子のような意識を持たせないようにしたいと考えています。それぞれ互いに認め合って、自分が好きだと思えるものを1つ見つけられるような、そんな学びを作っていきたいですね。その手段としては、やはり教員だけでは知識が足りないこともあるので、外部講師や専門家とのつながりを作ろうと思います。以前、長野県にある「日本一の星空」と呼ばれている阿智村で星空案内人をしている方に講師をお願いし、夜の学校で星空見学会を開いたら、子供の中から宇宙大好き女子が生まれたり、GIGAサポーター[12]の方にCanva[13]のデザインを指導してもらったら、そこから自分でデザインをし始める子も出てきて。今まではすべて自分でやらなくてはいけないと思っていたんですけれど、専門的な知識を持つ外部の方とつなぐことも、教員の役割として重要なのではないかなと思っています。

鳥生:そうですね。コロナ禍では教員も出張に出ることもままならず、学校内にこもりがちでしたよね。私自身、生徒や同僚としか顔を合わせない閉鎖的な環境が続いていたので、もっと外の世界と交流を持って、良い刺激をたくさん得たいと思っています。

蓑手:今はインターネット1つで、学校では出会えない面白い

12——伊那市の小中学校のICT活用をサポートする専門スタッフ。

13——無料で使えるオンラインのグラフィックツール。

大人にたくさん出会えるんですよね。もちろん危険もあるかもしれないけれど、可能性や選択肢が増えることは大切だと思います。先ほど探究学習の話題も出ましたが、やはり教員自身が探究したことがないと、探究的な姿勢を伝えるのは厳しいんですよね。子供たちもそうですが、教員自身も異なる分野に飛び込んでみないと、教科書一辺倒のことしか教えられないのではと危惧しています。学校の中で「あんな面白い人がいるらしいよ」とか、「こんなツールを使ったら、授業が良くなったよ」と気軽に雑談するとか。それから何よりも、これからの教育について教員同士で話せる機会が増えること、こうしたことが今、一番必要ではないかと思います。

Column

学習eポータルやメタバースを活用した新しい学び

GIGAスクール構想の推進に伴い、1人1台端末の活用が増えるにつれ、「教育DX(デジタル・トランスフォーメーション)」という言葉を耳にする機会が増えてきました。DXは「デジタルによる変革」を意味し、単に「デジタルを使う」のではなく、「デジタルを使って学びを変革する」という、より深い考えを含んでいます。

多くの課題に直面している教育現場において、これらを解決していくためには、従来の学習方法を変え、テクノロジーをどのように生かすかという考え方が重要となってきています。

教育DXにおいて注目すべきは、学習eポータルとメタバースです。

1人1台端末やクラウドの利用により、児童生徒の教育データが学習eポータルに蓄積できるようになり、それらを活用した指導・支援が可能になります。文部科学省が運営する「MEXTCBT(メクビット)」を活用し、学力調査や各種教育データが「学習eポータル」という新たな教育クラウドサービスに集約されています。今後、学習eポータルを通じて、より多くの教育コンテンツやツールへのアクセスが容易になり、学習が進めやすくなると考えられます。

さらに、メタバースやVRなどの最新テクノロジーの活用も教育現場で始まっています。不登校の児童生徒が集まる空間をメタバース上に作り、交流を図ったり、没入感のあるVRを使用して海外の観光地を訪れたり、古典に登場する世界を体験する教材も登場しています。テクノロジーの進化により、多様な学びの機会が提供できる時代が到来しています。

付録

スクールタクトの代表的な機能紹介

ここでは、第1章の各事例で掲載した
スクールタクトの代表的な機能について、
機能の概要と操作方法を紹介します。
児童生徒の学び合いにつながる
「共同閲覧モード」などに
切り替える基本的な操作から、
先生の時短、作業減につながる
「授業や課題の複製」
「課題テンプレートの活用」。
そして、指導と評価を一体化できる
「ルーブリック評価の作成」など、
さまざまな機能を簡単に紹介しています。

書籍の専用サイトで詳細を確認できます！

ここで紹介し切れなかったサービスや機能、活用例を書籍専用サイトで紹介しています。上のQRコードからアクセスしてください。
https://schooltakt.com/book-2023/

学び合いを促進！

共同閲覧モード・共同編集モードの切り替え

先生は児童生徒がお互いのキャンバスを見えるようになる「共同閲覧モード」や、お互いに編集ができるようになる「共同編集モード」に切り替えることができます。モードの切り替えは、課題配布前後いずれのタイミングでも行うことができます。

操作方法

[共同閲覧・編集モードの変更]（ ）をクリックする。画像1

変更したいモードを選択し、OKをクリックする。画像2

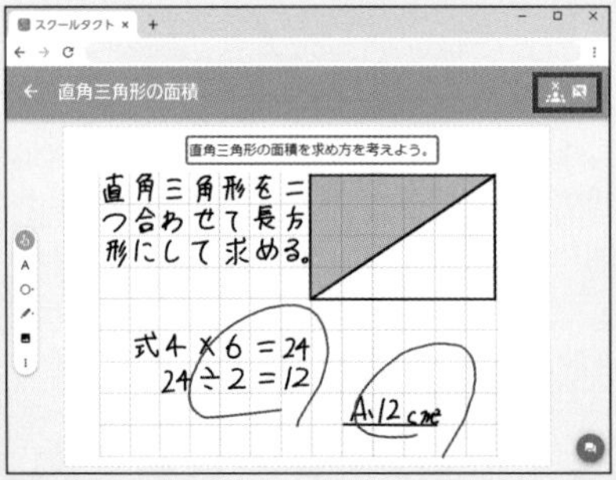

画像1

画像2

※共同閲覧モードの設定例

簡単・動く教材作り！

ムーブパーツの設定

課題の中の図形や文字、画像などのオブジェクトに、児童生徒が移動や回転、拡大・縮小する権限を付加することができます。権限の付加は、先生が課題を配布する前となります。

操作方法

オブジェクトの選択後に表示される をクリックし、設定画面から付加したい権限を選択する。画像1

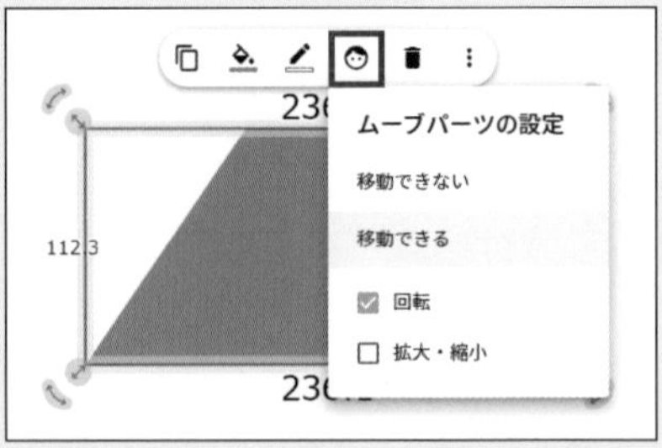

画像1

※図形に移動と回転の権限を付加した設定例

ワンクリックで見える化！

ワードクラウド・発言マップの表示

先生は、児童生徒の考えやスクールタクト上での交流の様子を見える化できます。

操作方法

回答一覧画面から、それぞれの機能のボタンをクリックする。画像1

ワードクラウド をクリックする。

発言マップ をクリックする。

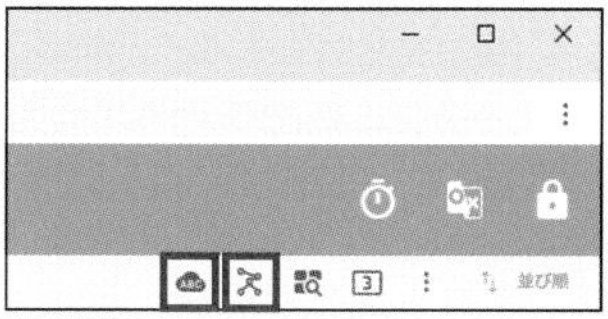

画像1

ワードクラウド

児童生徒がキャンバスに入力したテキストが表示されます。

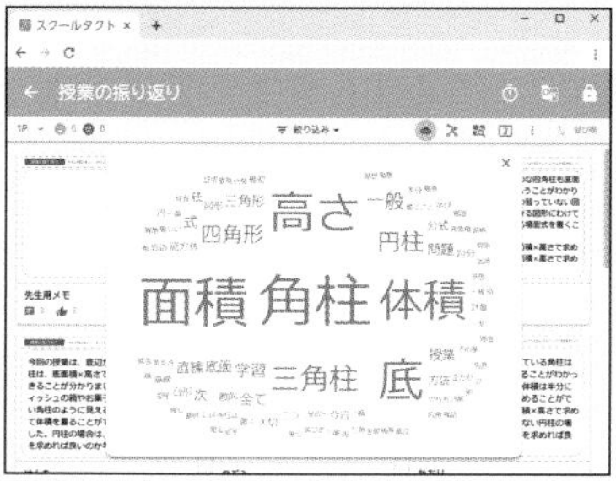

発言マップ

コメントやいいね、キャンバス閲覧の数をもとにした関係図などが表示されます。

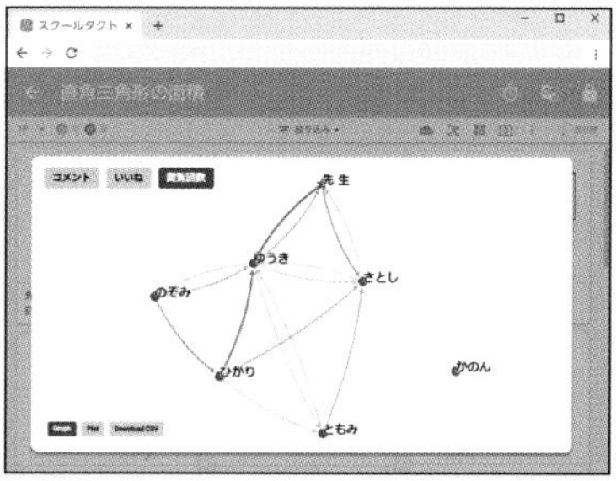

ラクラク教材取り込み！

PDFファイルの貼付け

PDF形式の資料を、キャンバスに貼り付けることができます（最大19ページまで）。

操作方法

画面左側のページナビゲーションの［追加］から［PDFと画像］を選択する。画像1

ファイル選択画面で追加したいPDFファイルを選ぶ。

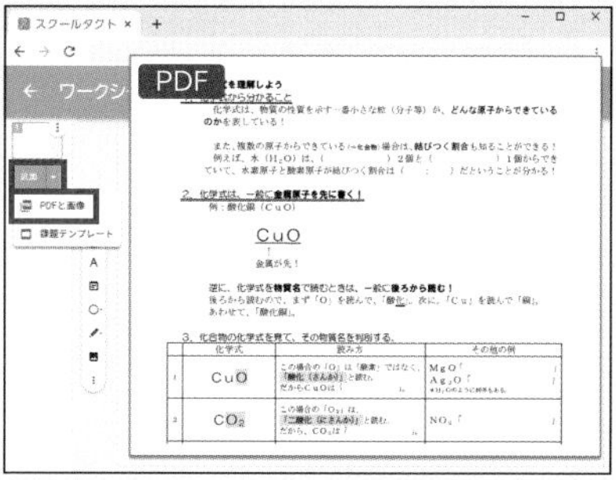

画像1

時短で授業準備！

授業や課題の複製

授業枠や課題を、複製できます。また、ほかの先生の授業や課題を複製して、お互いに共有することもできます。

操作方法

授業の複製
複製したい授業の ⋮ をクリックし、[授業の複製]を選択する。 画像1

課題の複製
複製したい課題の ⋮ をクリックし、[複製]を選択する。 画像2

画像1

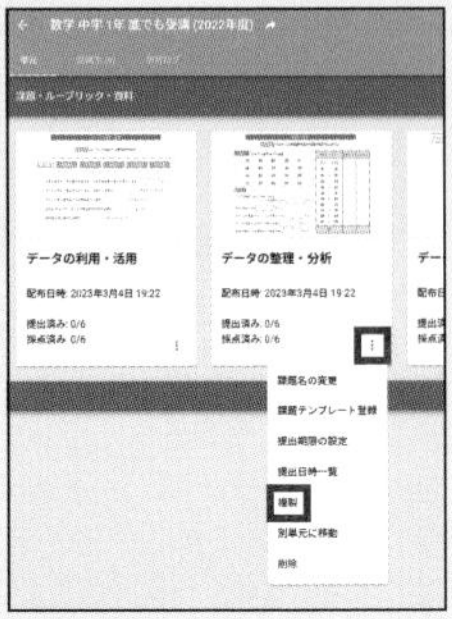

画像2

思いを伝える！

「いいね」やコメント機能

課題を共同閲覧モードや共同編集モードでは児童生徒がお互いに「いいね」やコメントを送り合うことができます。先生は「いいね」の数の非表示や、コメント機能のロックを設定することができます。

操作方法

いいね数の非表示
回答一覧画面で ⋮ をクリックし、[いいね数の非表示]をオンにする。画像1

コメントロックにする
[共同閲覧・編集モードの変更]から、コメントロックをオンにする 画像2

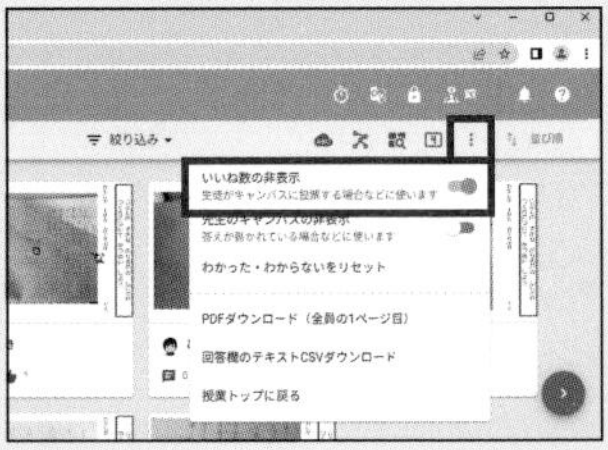

画像1 ※いいね数の非表示がオンのときの設定例

画像2 ※コメントロックがオンのときの設定例

指導と評価の一体化！

ルーブリック評価の作成

授業や課題での評価基準をルーブリック評価として作成し、児童生徒に配布することができます。

操作方法

[単元]画面の⊕より［新規ルーブリックを作成］をクリックする。 画像1

表示されたサンプルを参考に、評価基準の数や内容を編集する。画像2

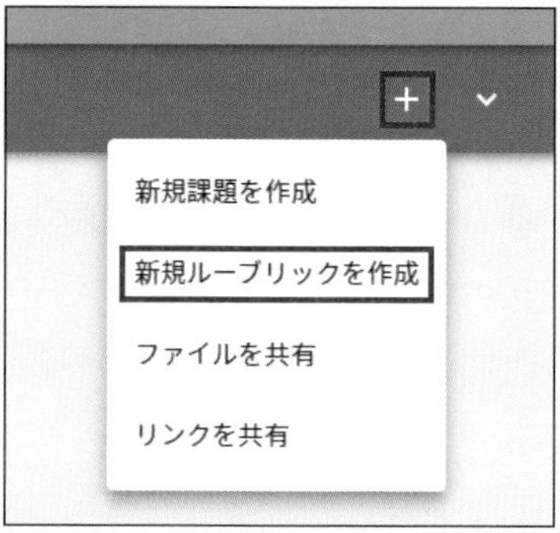

画像1

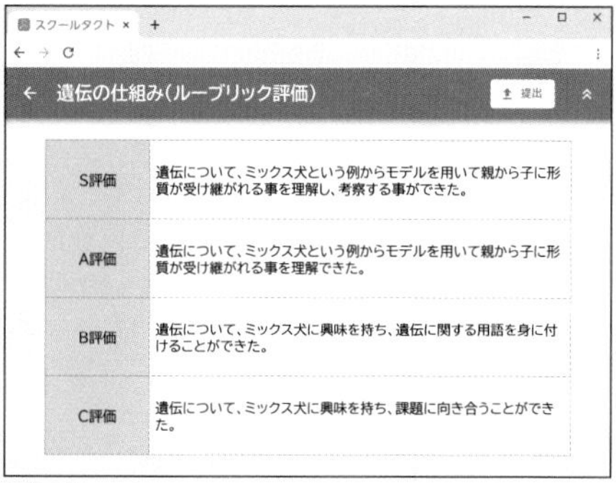

画像2

授業アイデア満載！

課題テンプレートの活用

全国の先生やスクールタクトが提供する8000種以上の課題テンプレートを活用することができます。

操作方法

課題の新規作成画面から、「学年／教科／公開設定／キーワード」を指定し、課題テンプレートを探す。 画像1

活用するテンプレートを選択後し、[このテンプレートで作成する]をクリックする。

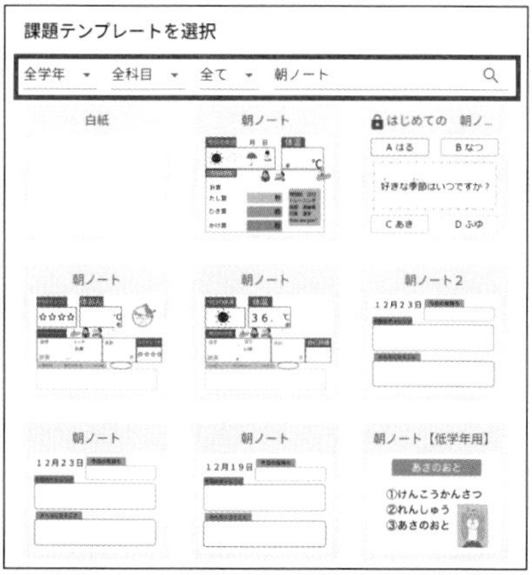

画像1

手間なくグループ学習！

グループ課題の設定

課題を共有する児童生徒のグループを作成できます。グループの作成は、画面上に表示された児童生徒のアイコンを動かして設定するほか、CSV形式でインポートもできます。また、作成したグループデータをエクスポートできるので、次のグループ課題作成時にも活用できます。なお、通常の課題として課題を配布した後にグループ課題の設定を行うことはできません。

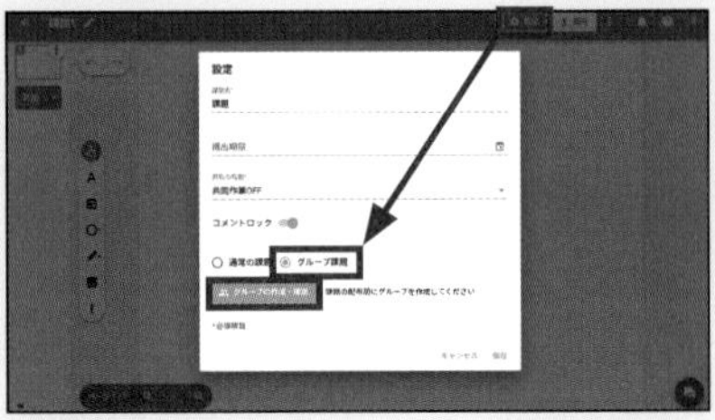

画像1

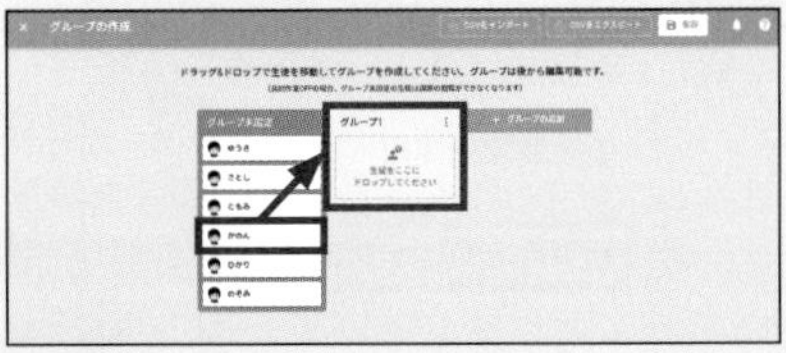

画像2

操作方法

課題作成画面で［設定］を押し、表示画面の［グループ課題］を選択後、［グループの作成・確認］をクリックする。 画像1

画面上に表示された児童生徒のアイコンをドラッグアンドドロップし、グループを作る。 画像2

採点・集計を効率化！

回答欄の作成と入力テキストのダウンロード

課題の中に、児童生徒が回答を入力する回答欄を作ることができます。先生は回答欄に入力されたテキストを、CSV形式でダウロードできます。

操作方法

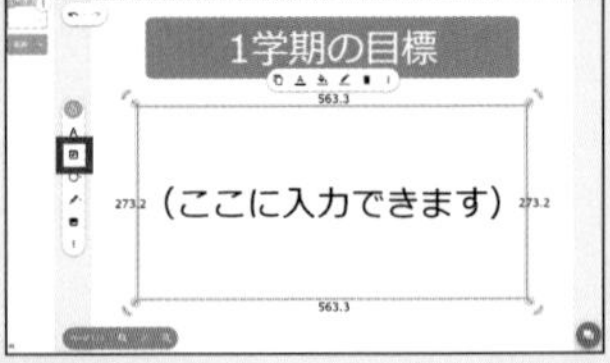

画像1

回答欄の作成

課題配布前に、［回答欄］（ ）をクリックし、課題上にテキストボックスを作成する。 画像1 また、必要に応じ、回答欄の設置時に表示される編集バーから、横書き・縦書きなどの文字スタイルを設定する。

入力テキストのダウンロード

課題配布後、課題の回答一覧画面で ⋮ をクリックし、［回答欄のテキストCSVダウンロード］から、入力されたテキストをダウンロードする。

おわりに

明日の教室を変える先生を応援したい

本書ではスクールタクトを通して、ICT活用の具体例や授業での実践事例を紹介するとともに、自治体におけるICT活用推進の取り組みや、有識者またはICT活用に先進的な教員が考える「これから目指す教育」について、知見や大切にしたい視点などをお伝えしました。

いずれの内容も、個別最適な学びや協働的な学びを実現するにあたってICTが有益なツールで、さまざまな学びを可能にすることや児童生徒の学びを充実させるものであることがお分かりいただけたと思います。一方で、何のためにICTを使うのか、学校教育は本来どうあるべきかといった本質を忘れてはいけないことも、学びが変わる転換期である今だからこそ、伝えたい内容としてページにつづりました。

学校現場におけるICTは、児童生徒の学びの質や学習効率を向上させる重要なツールです。そんなICTを積極的に学びに生かそうと意欲を持って努力し続けている現場の教育関係者の皆さまには、心から敬意を表します。ICT活用という新しい取り組みは学校現場にとって大きなチャレンジであり、その挑戦は多くの苦労や負担、失敗を伴うものであることは十分に理解できます。われわれは、学校は児童生徒だけではなく先生にとっても豊かで楽しい学びの場であるべきだと考えています。ICT活用がそのような明日につながっていると信じ、先生や教育関係者の皆さまの活用推進につながる有益な情報を届ける目的で本書の制作に取り組みました。

ICT活用を広げるためには、児童生徒と向き合う教員一人一人の日常的な活用が重要なのはいうまでもありません。そのため、これからICT活用を始める方や、ICTが苦手な方も、ぜひこの書籍を見ながらチャレンジしていただきたいと思います。また学校全体にICT活用を広げていくためには、リーダーとなる教員の存在や、学校や教育委員会の支援体制も重要だと考え、本書ではICT活用に携わるさまざまな立場の方から話を聞き、内容をまとめました。読んでいただいた教育関係者の方に、「やってみよう」「試してみよう」「ほかの教員に話してみよう」と思っていただき、明日からの教室づくりに役立てていただけることを願っています。

ICT活用に取り組む教員・教育関係者の皆さまは、新しい学びや児童生徒の未来を切り開く重要な役割を担っていると考えています。ICT活用においては、挫折や困難がつきものですが、それを乗り越えていく姿や挑戦する姿を児童生徒たちが見ること自体に、学びの価値があるのではないでしょうか。学校の中に挑戦している大人がいること、これは児童生徒にポジティブなマインドをもたらすと考えています。

本書が、教育関係者皆さまのICT活用への情熱と努力を応援し、さらなる成長と成功につながることを願っています。学校現場でのICT活用の進展を通して、より充実した教育に発展し、児童生徒の未来を輝かせられるように。われわれは教育ICTに携わる関係者皆さまの応援を続けていきます。

2023年6月

インプレス教育ICT書籍編集チーム

事例提供・協力

※学校名・五十音順（敬称略）

愛川町立半原小学校	佐野昌美
上尾市立大谷中学校	小川和浩
飯田市立川路小学校	座光寺 翔
伊那市立手良小学校	有賀祥子
伊那市立西春近北小学校	齊藤直明
宇都宮市立豊郷中央小学校	五十嵐 太一
岡崎市立小豆坂小学校	鈴木由理
岡崎市立北野小学校	岩月駿人
川口市立安行小学校	菊次哲也
啓明学園初等学校	安野俊彦
札幌市立光陽小学校	田中 玲太郎
札幌市立桑園小学校	吉野俊一
芝浦工業大学柏中学高等学校	田巻 慶
成城学園初等学校	秋山貴俊
世田谷区立千歳小学校	坪木有大
東京都立新宿高等学校	松本幸博
東京都立町田高等学校	豊原 いずみ
麗澤瑞浪中学・高等学校	郷 貢

STAFF

カバーデザイン・DTP制作	石割 亜沙子（Isshiki）
カバー・本文イラスト	中谷聖子
撮影	品川英貴
執筆協力	佐藤 智・本多 恵・赤池淳子
編集協力	西田康一
編集長	富樫真樹

■商品に関する問い合わせ先

このたびは弊社商品をご購入いただきありがとうございます。本書の内容などに関するお問い合わせは、下記のURLまたは二次元バーコードにある問い合わせフォームからお送りください。

https://book.impress.co.jp/info/

上記フォームがご利用いただけない場合のメールでの問い合わせ先

info@impress.co.jp

※お問い合わせの際は、書名、ISBN、お名前、お電話番号、メールアドレス に加えて、「該当するページ」と「具体的なご質問内容」「お使いの動作環境」を必ずご明記ください。なお、本書の範囲を超えるご質問にはお答えできないのでご了承ください。

- 電話やFAXでのご質問には対応しておりません。また、封書でのお問い合わせは回答までに日数をいただく場合があります。あらかじめご了承ください。
- インプレスブックスの本書情報ページ https://book.impress.co.jp/books/1123101015 では、本書のサポート情報や正誤表・訂正情報などを提供しています。あわせてご確認ください。
- 本書の奥付に記載されている初版発行日から3 年が経過した場合、もしくは本書で紹介している製品やサービスについて提供会社によるサポートが終了した場合はご質問にお答えできない場合があります。

■落丁・乱丁本などの問い合わせ先

FAX　03-6837-5023

service@impress.co.jp

※古書店で購入された商品はお取り替えできません。

実践例《じっせんれい》＆《アンド》導入事例《どうにゅうじれい》でわかる

明日《あす》からの教室《きょうしつ》のつくりかた

スクールタクトで始《はじ》めるICT《アイシーティー》活用《かつよう》

2023年 7月 11 日　初版発行

著　者　インプレス教育ICT書籍編集チーム

発行人　高橋隆志

編集人　清水栄二

発行所　株式会社インプレス
〒101-0051　東京都千代田区神田神保町一丁目105番地
ホームページ　https://book.impress.co.jp/

印刷所　株式会社広済堂ネクスト

ISBN978-4-295-01682-3 C0037

Printed in Japan